古典文獻研究輯刊

二九編

潘美月・杜潔祥 主編

第29冊

國故新語（第四冊）

司馬朝軍 著

國家圖書館出版品預行編目資料

國故新語（第四冊）／司馬朝軍 著 — 初版 — 新北市：花木
蘭文化事業有限公司，2019〔民 108〕
目 6+182 面；19×26 公分
（古典文獻研究輯刊 二九編；第 29 冊）
ISBN 978-986-485-968-9（精裝）
1. 漢學 2. 研究考訂
011.08   108012009

ISBN-978-986-485-968-9

9 789864 859689

古典文獻研究輯刊
二九編　第二九冊   ISBN：978-986-485-968-9

國故新語（第四冊）

作　　者　司馬朝軍
主　　編　潘美月　杜潔祥
總 編 輯　杜潔祥
副總編輯　楊嘉樂
編　　輯　許郁翎、王筑、張雅淋　美術編輯　陳逸婷
出　　版　花木蘭文化事業有限公司
發 行 人　高小娟
聯絡地址　235 新北市中和區中安街七二號十三樓
　　　　　電話：02-2923-1455／傳眞：02-2923-1452
網　　址　http://www.huamulan.tw 信箱 hml810518@gmail.com
印　　刷　普羅文化出版廣告事業
初　　版　2019 年 9 月
全書字數　546423 字
定　　價　二九編 29 冊（精裝）　新台幣 58,000 元　版權所有・請勿翻印

國故新語（第四冊）

司馬朝軍 著

目次

《日知錄》「范文正公」條詳考
——「知識生成史」筆記之六

內容提要：

范仲淹在著名的《岳陽樓記》一文中首次提出了「先天下之憂而憂，後天下之樂而樂」的名言，具有巨大的正能量，創造性地發展了孔孟以來的天下觀，一經問世就產生了深遠的影響。通過詳細考察其傳承過程，旨在爲觀念史研究提供實例，進而爲知識生成史準備原料。

關鍵詞：先憂後樂；范文正公；天下觀；觀念史；知識生成史

原 文

顧炎武《日知錄》「范文正公」條原文如次：

史言：范文正公「先天下之憂而憂，後天下之樂而樂」。而文正自作《鄠郊友人王君墓表》云：「今茲方面，賓客滿坐，鐘鼓在庭，白髮憂邊，對酒鮮樂。豈如圭峰月下，倚高松，聽長笛，欣然忘天下之際乎？」馬文淵少有大志，及至晚年，猶思建功邊陲，而浪泊西里，見飛鳶跕跕墮水，終思少游之言。古今同此一轍。（王荊公詩：「豈愛 〔註1〕 京師傳谷口，但知鄉里勝壺頭。」）阮嗣宗《詠懷》詩所云「寧與燕雀翔，不隨黃鵠飛。黃鵠遊四海，中路將安歸」者也。若夫知幾之神，處亢之正，聖人當之，亦必有道矣。

〔註1〕黃汝成《續刊誤》：「愛」，諸本並作「羨」，汝成案：《荊公集》作「愛」，與原寫本同，今改。

詳　考

○宋歐陽修（1007～1072）《歐陽修全集》卷二一《資政殿學士禮部侍郎范文正公仲淹神道碑》：皇祐四年（1052）五月甲子，資政殿學士尙書禮部侍郎汝南文正公薨於徐州，以其年十有二月壬申，葬於河南尹樊里之萬安山下。公諱仲淹，字希文。五代之際，世家蘇州，事吳越。太宗皇帝時，吳越獻其地，公之皇考從錢俶朝京師，後爲武寧軍掌書記以卒。公生二歲而孤，母夫人貧無依，再適長山朱氏，既長，知其世家，感泣去之南郡，入學舍，掃一室，晝夜講誦。其起居飲食，人所不堪，而公自刻益苦。居五年，大通六經之旨，爲文章論說，必本於仁義。祥符八年，舉進士，禮部選第一，遂中乙科，爲廣德軍司理參軍，始歸迎其母以養。及公既貴，天子贈公曾祖蘇州糧料判官諱某爲太保，祖秘書監諱某爲太傅，考諱某爲太師，妣謝氏爲吳國夫人。公少有大節，於富貴貧賤毀譽歡戚，不一動其心，而慨然有志於天下。常自誦曰：「士當先天下之憂而憂，後天下之樂而樂也。」其事上遇人，一以自信，不擇利害爲趨舍。其所有爲必盡其方，曰：「爲之自我者當如是，其成與否，有不在我者，雖聖賢不能必，吾豈苟哉！」（《宋文鑒》卷一四五）

○宋蘇軾（1037～1101）《東坡全集》卷一一三《賜范純仁上第一表辭免恩命不許批答》（元祐三年四月十二日）：覽表具之，吾聞之乃烈考曰：「君子先天下之憂而憂，後天下之樂而樂。」雖聖人復起，不易斯言。卿將書之紳銘之盤盂，以爲一言而可以終身行之者歟？則今茲爰立之命，乃所以委重投艱而已，又何辭乎？

○宋家安國（與蘇軾同時）《范文正公祠堂記》：公嘗曰：「周、漢之興，天下爲福爲壽數百年。當時致君者，功可知矣。周、漢之衰，天下爲血爲肉數百年。當時致君者，罪可知矣。」考公之時，朝廷致君之人，喜功畏罪者尤多。惟公之望，節若南山；貴名之起，揭如日月。亙諸夏之廣，盡九夷之陋，凡有舌者，皆恥不談希文。何耶？好善優於天下而已矣。善人，天地之紀也，政教之本也。其所以優於天下者，能思天下之所不思，能爲天下之所不爲，先天下之憂而憂，後天下之樂而樂也。然知爲可憂，則先王之澤無不備於世矣；知爲可樂，則一夫之生無不獲其所矣。公之憂如是，而竟無以解其憂；公之樂如是，而竟不得享其樂。豈成功則天歟？公疏上壽儀以正君，諫楊太妃不可稱制以立母儀，述張華事西晉以諷宰相，此天下所不能思也。公參大政，首請天下興學取士。先德行，不專文詞；減任子，以除冗官，此

天下所不能爲也。上《百官圖》，以任人材；舉縣令，擇郡守，以固邦本；保
直臣，斥佞人，以明國聽；復遊散，去冗僭，以厚民力，此天下之憂，而公
先之也。西民禍兵，公以龍圖閣直學士帥延慶，橫山、靈武，勢如腐槁。朝
廷乃以邠州管內觀察使授公，公曰：「漢御史，出案二千石；唐御史，節度使
以軍禮見；本朝學士、丞、郎出臨戎閫，節度諸將望風稟律，皆由朝廷之重
也。居內朝近侍之職，有彌縫闕失之道。若貪厚祿，換此外帥，體當承迎朝
廷指授，無覆議論廟算得失矣。況西華之人，知有龍圖老子，不知有太尉也。」
竟辭。元昊以書窺伺朝廷，公惡其僭號，斥不爲奏，自答其說，諭以逆順禍
福之理。元昊卒服公言，稱臣請和。此國強兵息，天下知其樂也。然則所謂
優於天下者，舉是耶？於事則顯功也，於善則龕跡也。上臣之善，莫大於禮
樂。世有不得其門而入，雖房、杜之美，其如不能何！庠序者，禮樂之門也。
得其門知其文矣，知其文達其情矣。情文備則致君摯國之功，言不下帶，而
禮化行如神矣。吾宋聖治，迨慶曆僅百年。太平之效，以文致寔。景德、祥
符之風，不減三代，而功成治定，未暇制作。天下之人，望禮樂之門，不得
而入。公闢其門，使天下由之。雍泮之水，洗天下之心。後進之君子，先進
之野人，參軌結轍，可以論述制作者與時輩出，然考積德之年，天寔有所興
也。（《成都文紀》卷三四）

　　○宋黃庭堅（1045～1105）《跋范文正公詩》：范文正公在當時諸公間第
一品人，故余每於人家見尺牘寸紙，未嘗不愛賞彌日，想見其人。所謂「先
天下之憂而憂，後天下之樂而樂」，此文正公飲食起居之間先行之，而後載於
言者也。

　　○宋黃庭堅（1045～1105）撰、任淵等注《陪謝師厚遊百花洲盤礴范文
正祠下道羊曇哭謝安石事因讀生存華屋處零落歸山丘爲十詩》之八：「九原尚
友心，白首要同歸。」潘安仁詩：「投分寄石友，白首同所歸。」文正公《岳
陽樓記》其末云：「其必先天下之憂而憂，後天下之樂而樂乎！噫，微斯人，
吾誰與歸。」詩意端指此。

　　○宋鄒浩（1060～1111）《爲陸伯思跋韓魏公范文正公書後》：某生晚，不
及識公。元符末，公之長子嗣爲大丞相，某始獲登公門，想見垂紳正笏，不
動聲氣，措天下於泰山之安。今嗣丞相亦亡矣，覽觀遺帖，祇益悵然。公嘗
云：「先天下之憂而憂，後天下之樂而樂。」以其言考其行事，信乎能踐之也，
宜其廢箋遺墨爲志於古者寶藏如此。

　　○宋胡寅（1098～1156）《斐然集》卷二一《成都施氏義田記》：漢、唐而後，士大夫家能維持累世而不敗者，非以清白傳遺，則亦制其財用，著其禮法，使處長者不敢私，爲卑者不敢擅。凡祭祀、燕享、喪婚、交際，各有品節。出分、出贅之習不入乎其門，而相養、相生之恩浹洽於其族也。今夫一鄉之師，使東家寠，西家厚，行道必譏其頗，況乎一家之聚伯也。羨粱肉，厭紈綺，而叔也糠核藍縷，不免於飢寒心，其謂何故，善推其所爲者，由良心而充之。本朝文正范公置義莊於姑蘇，最爲縉紳所矜式。自家而國，則文正公先天下之憂而憂，後天下之樂而樂，可知己。

　　○宋曾敏行（1118～1175）《獨醒雜志》：徽宗嘗內宴，顧問梁師成曰：「先王樂以天下，憂以天下。今西北既賓服，天下幸無事，朕因得遊宴耳。」師成對曰：「臣聞：『聖人先天下之憂而憂，後天下之樂而樂。』」上問蔡京曰：「師成之言如何？」京曰：「樂不可極爾。」上喜曰：「京之言是也。」

　　○宋吳莘修（紹興間知縣）《濯纓亭記》云：天聖間，文正范公爲是邦作濯纓亭於南溪之上，詠曰：「笑解塵纓處，滄浪無限清。」公之意豈特挹滄浪之清以滌我塵垢而已耶？君子目擊而道存矣。中更兵燹，蕩爲莽區。後有重建於稅務之南者，尋亦圮廢。耆老云，鄉校前乃故址也。余既斁適學之路，即故址爲亭，而扁之以舊名。亭並溪當邑東西之中，眼界軒豁，荷汀蘋渚，鷗鷺翔集，風帆露檣，朝夕往來，景物互變，而俱宜焉。草色際天，綠波彌漫，則於春宜；冰輪浮空，晃朗洞徹，則於秋宜；暑則南薰徐來，夐無閒隔，涼徹肌骨；隆寒乃黃蘆旅雁，妝點雪意，如展畫圖。凡是諸景，昔也散漫不屬，今皆森列斯亭之上，足以廣胸中之雲夢，而溢筆下之波瀾。斯名也，其義則夫子取之，孟子、屈子發明之，而文正范公昭揭之。子衿藏修之暇，於是遊息焉，對景而自得，因名而心會。吾知是邦人物自今未易量矣。

　　○宋范公偁（1126～1158，范文正玄孫）《過庭錄》卷「范文正規滕子京」條：滕子京負大才，爲眾忌嫉，自慶帥謫巴陵，憤鬱頗見辭色。文正與之同年，友善，愛其才，恐後貽禍。然滕豪邁自負，罕受人言。正患無隙以規之，子京忽以書抵文正，求《岳陽樓記》，故記中云：「不以物喜，不以己悲，先天下之憂而憂，後天下之樂而樂。」其意蓋有在矣。戊辰十月，因觀岳陽樓記，遂言及此耳。

　　○宋范成大（1126～1193）《吳郡志》卷二六：少有大節，其於富貴、貧賤、毀譽、歡戚不一動其心，而慨然有志於天下。常自誦曰：「士當先天

下之憂而憂，後天下之樂而樂也。」其事上遇人，一以自信，不擇利害爲趨舍。

○宋朱熹（1130～1200）《晦庵先生朱文公文集》卷八一《跋范文正公家書》：右范文正公與其兄子之書也。其言近而易知，凡今之仕者，得其說而謹守之，亦足以檢身而及物矣。然所謂自未嘗營私者，必若公之「先天下之憂而憂，後天下之樂而樂」，事上遇人，一以自信，不擇利害爲趨舍，然後足以充其名。而其所論親僚友以絕壅蔽之萌，明禁防以杜奸私之漸者，引而伸之，亦非獨效一官者所當知也。友人陳君明仲爲侯官宰，得公此帖，刻置坐隅，以自觀省，而以其墨本見寄。熹蓋三復焉，而深贊其言之近、指之遠，敢書其說於左方，庶幾覽者有以發焉。淳熙戊戌季夏閏月，新安朱熹謹書。

○宋朱熹（1130～1200）《日講四書解義》卷十四：宋臣范仲淹有云：「先天下之憂而憂，後天下之樂而樂。」惟其先憂也，故閭閻無愁苦之聲；惟其後樂也，故朝廷享尊榮之奉。人主亦知所先後可也。

○宋劉荀（約與朱熹同時）《明本釋》卷下：顏淵曰：「舜何人也，予何人也，有爲者亦若是。」濂溪云：「志伊尹之所志，學顏子之所學。過則聖，及則賢。若不及，則亦不失於令名。」胡文定公曰：「有志於學者，當以聖人爲則；有志於天下者，當以宰相自期。降此不足道矣。」范文正公自少慨然有志於天下，常曰：「士當先天下之憂而憂，後天下之樂而樂。」石徂徠曰：「士之積道德、富仁義於厥身，蓋假於權位以布諸行事，利於天下也，豈有屑屑然謀於衣食者歟？」王沂公曰：「曾平生之志不在溫飽。」

【今按】劉荀（生卒年不詳），字子卿，樟樹人。先後從學胡寅（1098～1156）、張九成（1092～1159）。筆錄二師言論，集爲《思問記》。〔淳熙間（1174～1189）〕歷官知餘干縣、薦改德安府（治今湖北安陸縣）通判、知盱眙軍（治今江蘇盱眙縣）。後爲奸商謗罷。著有《政規》40 卷、《明本釋》3 卷、《座右記》3 卷、《文源》8 卷、《癡兒錄》5 卷、《德安守禦》5 卷、《都梁記問》8 卷、《邊防指掌圖》3 卷、《南北聘使錄》3 卷。（《江西省出版志》修訂本第 434 頁）

【又按】南宋永靜軍東光人，徙家清江。劉摯（1030～1097）曾孫。（《中國名人誌》第七卷，第 719 頁）

○宋張聲道（1150～1221）《十里壺記》：巴陵城市，在山絕巔，八面之風，茂有隱蔽，多火災。長子備員，兩年幸免，每切憂之，役勞版築，甫竣事，而鬱攸爲祟。張子曰：「是應有也。恨授代有期，毋能及矣。夜思待旦，

憮然以興。山高水落，風高多燥。雖有智者，何能為諶。宜作十里壺，偏滿
闐開，緩急隨取隨足，猶愈於拱手聽煨燼。」客曰：「惜哉！恨君去而此志不
傳也。」張子笑而謂之曰：「事雖不可竟，此志尚可傳。於當作百壺以為後人
倡。後人倘成此志，一年之間由通衢至委巷，萬壺聯屬，十里不難辦也。」
輅輦玩遣有旨趣代命工董役，斧斤丁丁，眾皆讚歎。張子作一轉語：「子亦聞
陶朱公老嫗之說乎？朱公致當家多勤幹，一嫗服事尤謹。予隊婦養，既去，
越半日復回家。人驚問：『嫗來何為？』嫗曰：『中途值雨，思醬瓿未覆，故
復來。』舉室大笑。今張子百壺之作具覆醬瓿之謂乎？」客曰：「旨哉！毋謂
戲言。眞為實惠，願筆之以貽後人。」張子曰：「唯。」醉書壯觀臺上。時嘉
定辛巳（1221）閏月賓春之日。◎馬範記：公在郡二年，每事精思遠慮，為民
興利除害，不可概舉。戍將更適有鬱攸之變，公極力賑以錢朱，蠲商稅屋租
兩月，罷斗斛之徵，洊割清俸，令緇黃為民禳襘，民甚德之。公曰：是持目
前之惠爾。此邦踞山並湖，多大風，逆數之，幾十年必一大火，民豈堪命？
如作十里壺，充滿衢巷，以壓勝之，民無患矣。吾雖行有日，當作百壺，為
後人張本。一日，飲予壯觀臺上，醉中索紙，大書壺記，不加點而成範。時
待坐，因謂范文正公有言：「先天下之憂而憂。」此乃仁人君子之用心。禪宗
亦有老婆心切之語，正謂此也。願勿以前言為戲。刻之臺上，使後來者知公
之心，無一日不在斯民，相與樂成之，則其惠為不窮矣。（見《永樂大典》卷
二二五六・六模・壺）

【今按】張聲道（1150～1220），字聲之，陶山人。淳熙十一年（1184）
進士，歷官朝請郎、知永州州事、湖南提刑、莆田知府。葉適《水心集》稱：
「為人恢疏談笑、放曠山湖間，其立朝治民固當世所推。」通醫學，著《產
科大通論方》（又稱《注解胎產大通論》、《注解胎產五十四證大通論》）、《經
驗方》、《岳陽乙志》等。（《瑞安市志》第 1578 頁）

○宋張鎡（1153～1211）《仕學規範》卷七：文正公少有大節，其於富貴
貧賤毀譽歡戚不一動其心，而慨然有志於天下，常自誦曰：「士當先天下之憂
而憂，後天下之樂而樂也。」其事上遇人，一以自信，不擇利害為趨舍，其
有所為，必盡其力，曰：「為之自我者當如是，其成與否有不在我者，雖聖賢，
不能必吾豈苟哉！」

○宋衛涇（1159～1226）《後樂集》卷一七《皇太子寶翰「後樂」二字跋》：
文皇帝陛下既大書「友順」二字賜某，命揭於先人之廬，某又因暇日即所居

葺成一堂，竊取文正范公之語名曰「後樂」，而皇太子殿下復灑寶翰，俾勒爲華榜，以侈榮遇。於是兩宮筆墨之妙重輝迭明，照映江湖，永爲山林一隅之鎮。惟范公起諸生，少有大節，每日誦曰：「士當先天下之憂而憂，後天下之樂而樂。」夫憂樂以天下而先後在吾身，則其所謂憂樂亦異乎人之憂樂矣。其後參仁宗皇帝大政，爲宋名臣。某生晚陋，道德勳業不足彷彿萬一，然竊知師慕。今年衰志惰，退藏丘壑，仰窺皇帝陛下聖化日新，皇太子殿下溫文日就，顧雖老矣，猶得與魚鳥之微游泳德澤，某之憂固可忘，而樂則無窮也。殿下以某嘗陪儲賓末綴，故將賚及之。敢並刻諸石，以誇耀永世云。嘉定十年（1217）六月初三日，資政殿大學士、通奉大夫、提舉臨安府洞霄宮、吳郡開國公、食邑二千四百戶、食實封三百戶衛某謹跋。

〇宋徐自明（1178 年進士）《宋宰輔編年錄》卷五「仁宗皇帝下・慶曆三年」：仲淹少有大志，於富貴、貧賤、毀譽、歡戚一不動其心，而慨然有志於天下。嘗自誦曰：「士當先天下之憂而憂，後天下之樂而樂。」此其志也。爲楚州糧料院，母喪去官，自言不敢以一身之戚而忘天下之憂，乃上書宰相，極論天下事，所言皆執政時所施行者也。宰相王曾見而奇之，勸晏殊薦之，遂召用焉。趙元昊反，仁宗知仲淹才兼文武，命知延州。仲淹析州兵爲六將，將三千人，訓練齊整，使更禦賊，諸路皆用以爲法。

〇宋章如愚（1196 年進士）《山堂考索》續集卷十八人臣門宰相條：大臣以身主天下之議。昔慶曆初間，仁祖厭西師之久，民罷用憊，思正百度，以修太平。是時罷磨勘以別能否，減任子以除濫官，易監司以澄汰群吏者，以范文正公主之耳。熙寧初，神宗以大有爲之志，欲理財治兵，強中國以威四夷。是時制置條例更張，法度一新，當世之務，以荊公主之爾。元祐初，宣仁知百姓困於新法之不便，欲復祖宗之制，以與天下休息。是時黜聚斂深刻之吏，力引元老，以洗除新法，以溫公主之爾。范公處黨習方興之際，而欲塞小人僥倖之路，力如此其難也。荊公當眾君子交攻力爭之際，而獨持勝紹述之論以議，其後變如此其難測也。然范公慨然獨以先天下之憂而憂，後天下之樂而樂爲己任。荊公自謂：「人臣不當避天下之怨，使怨皆歸己，然後爲盡忠於國。」溫公急於救患難，以國事未有所付爲急。雖荊公用心過差戾，世述道不可班二公。要之，皆不以得喪毀譽死生一動其心，然後能以其身任天下之責，力主其議而無所畏避也。（鄭湜）

○宋程公許（1186～1251）《滄洲塵缶編》卷一三《送前益部漕寶謨寺丞
范公赴召序》：雖然，寬小民之戚也易，而答君子之望也難。今中外事勢沸渭
紛紜，如杭漏舟，涉大川海，飆起濤洶，莫知所屆。而執事者未有深思碩畫，
爲國家固基本，排患難之道。奏疏之傳四方，類皆鉤摭微細，苟以塞責免咎。
豈朝廷之大，獨無一士諤諤昌言者乎？習俗弊其前，名位怵其後，自非秉志
剛強，其不淪胥以溺者鮮矣。文正公先天下之憂而憂，後天下之樂而樂，以
終其身。忠文公十九疏請建儲，臥家百日，鬢髮爲白，此公之家法也。大丈
夫願忠於君，不以官之崇卑二其志。公由儒學超擢，官不爲卑矣，榮晝日之
三接，效朝陽之一鳴，茲非其時歟？嘉定十七年二月日，門人程某序。

○宋羅大經（1196～1252以後）《鶴林玉露》卷二「憂樂」條：吾輩學道，
須是打迭教心下快活。古曰無悶，曰不慍，曰樂則生矣，曰樂莫大焉。夫子
有曲肱飲水之樂，顏子有陋巷簞瓢之樂，曾點有浴沂詠歸之樂，曾參有履穿
肘見、歌若金石之樂。周程有愛蓮觀草、弄月吟風、望花隨柳之樂。學道而
至於樂，方是眞有所得。大概於世間一切聲色嗜好洗得淨，一切榮辱得喪看
得破，然後快活意思方自此生。或曰「君子有終身之憂」，又曰「憂以天下」，
又曰「莫知我憂」，又曰「先天下之憂而憂」，此義又是如何？曰：聖賢憂樂
二字，並行不悖。故魏鶴山詩云：「須知陋巷憂中樂，又識耕莘樂處憂。」古
之詩人有識見者，如陶彭澤、杜少陵，亦皆有憂樂。如採菊東籬，揮杯勸影，
樂矣，而有平陸成江之憂；步屧春風，泥飲田父，樂矣，而有眉攢萬國之憂。
蓋惟賢者而後有眞憂，亦惟賢者而後有眞樂。樂不以憂而廢，憂亦不以樂而
忘。

○宋潘自牧（待考）《記纂淵海》（成書於宋嘉定二年〔1209〕）卷四一《人
道部‧憂世》：士當先天下之憂而憂，後天下之樂而樂也。（范文正公）

○宋姚勉（1216～1262）《雪坡集》卷二三《發解謝判府蔡寺丞啓》：蘇
之一族，得坡老乃能興味道之文聲；韓之兩世，惟退之若爲扶安定之門地。
故夙夜每痛心而疾首，雖夢寐亦刺股而垂頭。此爲家謀，猶有國慮。生斯民
而覺其覺，敢忘伊尹之心；先天下之憂而憂，每誦希文之語。

○宋章定（待考）《名賢氏族言行類稿》卷四一：范仲淹，字希文，唐相
履冰之後。其先邠州人也，後徙蘇州。祖贊時，仕錢氏爲秘書監。父墉，從
錢俶歸京師後爲武寧軍掌書記，以卒。仲淹二歲而孤，母貧無依，改適長山
朱氏，故冒朱姓，名說。舉進士，爲廣德軍司理參軍，始歸迎其母以養。仲

淹少有大志，於富貴、貧賤、毀譽、歡戚一不動其心，而慨然有志於天下。嘗自誦曰：「士當先天下之憂而憂，後天下之樂而樂。」此其志也。為楚州糧料院，母喪去官，自言不敢以一身之戚而忘天下之憂，乃上書宰相，極論天下事，所言皆執政時所施行者也。

　　○宋祝穆（？～1255）《古今事文類聚別集》卷二十二《仕進部‧憂世‧古今事實‧先天下憂》：范文正公少有大節，其於富貴、貧賤、毀譽、歡戚曾不一動其心，慨然有志於天下。嘗自誦曰：「士當先天下之憂而憂，後天下之樂而樂。」

　　○宋祝穆（？～1255）《方輿勝覽》卷二九：岳陽樓：在郡治西南。西面洞庭，左顧君山，不知創始為誰。唐開元四年，中書令張說出守是邦，日與才士登臨賦詠，自爾名著。滕宗諒作而新之，范希文為之記，蘇子美書其丹，邵疏篆其首，時稱四絕。○范希文記云：「慶曆四年春，滕子京謫守巴陵郡。越明年，政通人和，百廢具興。乃重修岳陽樓，增其舊制，刻唐賢、今人詩賦於其上，屬予作文以記之。予觀夫巴陵勝狀，在洞庭一湖。銜遠山，吞長江，浩浩蕩蕩，橫無際涯；朝輝夕陰，氣象萬千。此則岳陽樓之大觀也。若夫霪雨霏霏，連月不開，陰風怒號，濁浪排空，日星隱耀，山嶽潛形；商旅不行，檣傾楫摧，薄暮冥冥，虎嘯猿啼。登斯樓也，則有去國懷鄉，憂讒畏譏，滿目蕭然，感極而悲者矣。至若春和景明，波瀾不驚，上下天光，一碧萬頃；沙鷗翔集，錦鱗游泳，岸芷汀蘭，鬱鬱青青。而或長煙一空，皓月千里，浮光躍金，此樂何極！登斯樓也，則有心曠神怡，寵辱皆忘，把酒臨風，其喜洋洋者矣。嗟夫！予嘗求古仁人之心，或異二者之為。何哉？不以物喜，不以己悲：居廟堂之高，則憂其民；處江湖之遠，則憂其君。是進亦憂，退亦憂。然則何時而樂耶？其必曰：先天下之憂而憂，後天下之樂而樂歟？噫！微斯人，吾誰與歸？」

　　○宋周密（1232～1298）《齊東野語》卷一「表答用先世語」條：文正范公《岳陽樓記》有云：「先天下之憂而憂，後天下之樂而樂。」其後東坡行忠宣公辭免批答，徑用此語云：「吾聞之乃烈考曰：『君子先天下之憂而憂，後天下之樂而樂。』雖聖人復起，不易斯言。卿將書之紳，銘之盤盂，以為一言而可以終身行之者歟！則今茲爰立之命，乃所以委重投艱而已，又何辭乎？」其後忠宣上遺表，亦用之云：「蓋嘗先天下之憂，期不負聖人之學。此先臣所以教子，而微臣所以事君。」此又述批答之意，亦前所未見也。

○宋呂中（1247年進士）《宋大事記講義》卷十：仲淹曰：祖宗以來未嘗
輕殺臣下。夫導人主以誅殺，他日手滑，雖吾輩不能保，弼終不爲。然及弼
自河北出使還國門，不許入。未測上意，比夜彷徨不能寐，繞床歎曰：范六
尺眞聖人也！先儒論宋朝人物，以范仲淹爲第一，觀其所學，必忠孝爲本，
其所志則先天下之憂而憂，後天下之樂而樂，其所有爲，必盡其力，曰：爲
之自我者當如是，其成與否有不在我者，雖聖賢不能必。此諸葛武侯不計成
敗利鈍之誠心也。觀其論上壽之議，雖晏殊有不能曉。

【今按】宋王偁《東都事略》卷五九、《宋史全文》卷九上與此相同。

○宋史宅之（？～1249）《修渙堂記》：郡後圃東偏舊有渙堂，紹興間太
守王公安道所創也。方六飛南渡，公驅馳兵間，歷變履險者數矣，其後南北
講解，上方樂天保民，以生聚教訓，從事嘉禾，去天密近，民用和懌，公之
至於是邦也，不自意其生平憂患之餘，一旦遂有爲郡之樂羈懷憤感至是，殆
若渙然冰釋者。是雖皇天悔禍，世運推移，其極必復，而嘉興牧守輯寧於方
國，則亦莫非君上賜也。蓋名堂之意昉此。歲月漸老，聞見不接，後人榜之
曰禾興，則又以郡之所以得名者名斯堂也。乃嘉熙改元夏四月，余實來治，
延見吏民，具宣聖天子德意，奉職循理……當渙散之時，而能大致其群聚之
功，此非平常思慮之所及，人必有先天下之憂而憂、後天下之樂而樂者在
此。……朝議大夫、煥章閣待制、知嘉興軍府事兼管內勸農使、節制澉浦金
山水軍、鄞縣開國男食邑三百戶、賜紫金魚袋四明史宅之記。（元徐碩《至元
嘉禾志》卷十七）

○宋陳均（1265年致仕）《皇朝編年綱目備要》卷九：仲淹，蘇州人也。
少有大節，慨然有志於天下，常自誦曰：「士當先天下之憂而憂，後天下之樂
而樂。」其事上、遇人，一以自信，不擇利害爲趨舍，其所有爲，必盡其力，
曰：「爲之自我者當如是，其成與否，有不在我者，雖聖賢不能必，吾豈苟哉！」
王曾見而偉之，亦知仲淹乃晏殊客也。於是，殊薦人充館職，曾謂殊曰：「已
爲公置，不行，宜更薦。」

○宋葉大發（待考）《范文正公祠堂記》曰：盛德必百世祀。文正范公，
天聖間嘗宰興化，遺德在民，永久弗忘。寶慶乙酉，邑令漫翁陳君垓始創祠
堂，附於學之左，歲久圮敝，凜乎將壓，淮東總管陸君元齡攝令年餘，慨然
捐錢，市木甓徹而新之，以舊祠在大成殿東，與廟並峙，未協於禮，乃徙堂
基，與齋堂並，郡太守姜公聞而嘉之，亦遣木材相其成。凡爲屋三楹，前序

稱是規模視昔，頗高敞，工三旬畢，堊飾具備，邑庠士友舉酒慶成。大發時以簿書兼領學事，詥於眾。昔文正公爲秀才，已有澤民之志，每謂士當先天下之憂而憂，後天下之樂而樂。初爲西溪監，即請於朝，築捍海堰，爲承楚泰三州民田無窮之利。小官時志慮力量已如此，異時動名滿宇宙，皆自此發之。觀大節必於細行，觀立朝必於平日。前輩謂：「士自一命以上，苟存心於澤物於人，必有所濟。」吾儕學古人，官當志文正公之志，彼囊帛櫃金，終身寵秩，止自爲溫飽計，念不及吾民者盍少愧哉！維陸君暫爲攝承，又當邊事孔棘之時，象弭魚服，靡不日戒，而能景慕先賢，載立祠宇，爲前治邑者之所不暇，爲是可尙矣。今特取文正公《滄浪三詠》、《濯纓亭》兩詩刊諸石，兼以漫翁祀公。詩置諸堂之東西，以補闕典，用成陸君之美，使後之登斯堂者景先哲之高風，以勵壯志，激滄浪之清波，以滌塵襟，鼓金玉遺音，以發幽趣，廉貪立懦，則五詩招揭，庶亦少補於世教云。（《（嘉慶）重修揚州府志》卷二六「范文正公祠」條：在太平里。宋寶慶間，知縣陳垓建，淮東總管陸元齡重修，知縣葉大發有記。歲久圮。國朝嘉慶三年，邑人顧欽文重建）

　　○元杜道堅（1237〜1318）《道德玄經原旨》卷四：《經》曰：爲無爲，事無事，味無味。大小多少，報怨以德。圖難於其易，爲大於其細，天下難事，必作於易。天下大事，必作於細。是以聖人終不爲大，故能成其大。夫輕諾，必寡信。多易，必多難。是以聖人猶難之，故終無難。《原旨》曰：老聖歎世道不古，智詐相欺爲亂，無以挽回人心，於是敷迷上古無爲之化，以詔後世，使反鍰薄之風爲淳厚之氣，其以道自任。若此，爲無爲，法自然也。事無事，順天理也。味無味，樂恬淡也。大小多少，君臣民庶在焉。報怨以德，凡上下之交，或有不善，則當以德報爲心。如善者吾善之，不善者吾亦善之是也。圖難於其易，爲大於其細，謀當謹始，無使滋蔓難圖。天下難事，必作於易。大事，必作於細。物理所在，從微至著，如《易》之「不遠復，無祇悔」，由一陽二陽，積而爲《乾》。是以聖人終不爲大，故能成其大。聖人有《乾》之德，不自爲大，成其大者，六陽也。夫輕諾，必寡信。多易，必多難。人心澆薄，往往如此。靡不有初，鮮克有終也。是以聖人猶難之。聖人之心，先天下之憂而憂，後天下之樂而樂，所謂有始有卒者，其惟聖人乎。惟其難之於始，故終無難。

　　○元吳澄（1249〜1333）《賈侯修廟學頌並序》（至大四年三月一日）：侯之爲人如此，宜其於聖道儒術深有契也，非資識之過人而能之乎？侯每以范

文正期國學諸生，澄聞而愧，輒面赤汗下。夫文正之為文正，無他，亦曰「先天下之憂而憂，後天下之樂而樂」耳。嗚呼！安得人人不負侯之所期者哉？侯名馴，字致道，濟南鄒平人。將歸其鄉，故著侯之所以有績於廟學者為頌。至大四年三月朔，國子監丞吳澄敘。

　　○元蒲道源（1260～1336）《光祿大夫中書平章政事朵禮直公功德碑》：皇天眷祐有元，必為之篤生賢哲之輔，以豫擬其用。或出於世家，或生於草野。如公則出於世家者歟？公之先，三世忠孝，相繼皆有功於西陲。……世人見公之進用以為喜，不知其懼負荷之重以為憂。見公之退居以為樂，不知其頃刻不忘君，亦以為憂也。昔文正范公有言曰：「士當先天下之憂而憂，後天下之樂而樂也。」公庶幾焉。且公武弁而好文，富貴而下士，聞善必稱，見賢必舉，蔑驕矜之態，存澹泊之志。雖其具美，非關國家之大事者，不復贅云。公里之趙某者，致其父老之意，以褒城主簿張翥者，具禮為先容，謂道源嘗與執史筆之末，求文以紀公之功德。其言曰：世之寶珠玉者，必曰某玉某山之所出，某珠某澤之所生，矧吾朵公之賢，乃有國之所寶者歟？鄉里不書其本末，俾其名焜耀於世，人其謂何。道源辭之曰：「公之功德，書於太史，見於後世，奚假予言。」翥來請者凡六七，且歷一歲，固不容辭。道源亦採於眾論，無一人不曰今之賢相。於是乎書，且係以聲詩，俾鄉人歌詠之。（《全元文》卷六五七）

　　○元關漢卿（生於金朝末年，卒於元朝大德年間或稍後）《錢大尹智寵謝天香》第一折：「君子不重則不威，學則不固，主忠信。」何輕薄至此？這裡是官府黃堂，又不是秦樓謝館，則管裏謝氏、謝氏。耆卿，我是開封府尹，又不是教坊司樂探。平昔老夫待足下非輕，可是為何？為子有才也。聖人道：「德勝才為君子，才勝德為小人。」今觀足下所為，可正是才有餘而德不足。《禮記》云：「君子奸聲亂色，不留聰明。」《老子》曰：「五色令人目盲，五音令人耳聾。」士當先天下之憂而憂，後天下之樂而樂。大丈夫得志，與民同之，不得志，獨行其道。便好道：「富貴不能淫，貧賤不能移，威武不能屈。此之謂大丈夫也。」今子告別，我則道有甚麼嘉言善行，略無一語，止為一匹妓往復數次。雖鄙夫有所恥，況衣冠之士，豈不愧顏？耆卿，比及你在花街裏留意，且去你那功名上用心。可不道「三十而立」，當今王元之七歲能文，今官居三品，見為翰林學士之職，汝輩不恥乎？耆卿，則你那渾身多錦繡，滿腹富文章。不學王內翰，只說謝天香。張千，你近前來。

　　○元盛如梓（大德間人）《庶齋老學叢談》卷上：嵇、阮齊名，皆博學有文。然二人立身行己，有相似者，有不同者。康著《養生論》，頗言性情；及觀《絕交書》，如出二人。處魏、晉之際，不能晦跡韜光，而傲慢忤物，又不能危行言遜，而非薄聖人，竟致殺身，哀哉！籍詩云：「寧與燕雀翔，不隨黃鵠飛；黃鵠遊四海，中路將安歸。」劉後村云：「非謂甘為燕雀，自傷其才大志廣，無所稅駕。以史觀之，此是其全身遠害之術，而寓之詩。其放蕩不檢，則甚於康，不罹於禍者，在勸進表也。」

　　○元張光祖（大德間人）《言行高抬貴手》卷二德行門：范文正公少有大節，其於富貴貧賤，毀譽歡戚，不一動其心，而慨然有志於天下。常自誦曰：「士當先天下之憂而憂，後天下之樂而樂也。」其事上遇人，一以自信，不擇利害為趨舍。其有所為，必盡其力，曰：「為之自我者當如是。其成與否，有不在我者，雖聖賢不能，必吾豈苟哉！」范文正公曰：「吾遇夜就寢，即自計一日飲食奉養之費及所為之事，果自奉之費與所為之事相稱，則鼾鼻熟寐；或不然，則終夕不能安眠，明日必求所以稱之者。」范文正公為鄧州守，賈內翰黯以狀元及第，歸，內翰謝公曰：「某晚進，偶得科第，願受教。」公曰：「君不憂不顯，唯不欺二字可終身行之。」內翰拜其言不忘，每語人曰：「吾得於范文正者，平生用之不盡也。」

　　○元張臨〔註2〕《增修范文正公祠記》：古今仕，其貴同。何古人聲震天下，事業巍巍，而後世不能也？吁！能者未必得為，得為者未必能者也。雖然，能者不難其人，得為者每難其時。文正范公，事業巍巍者，屢進屢黜，卒之擯斥，難其時如此。使先生終為之，事業巍巍為何如？嗚呼！俗因五季之後，廉恥道喪，士昧出處，賢不肖漫漶。先生以剛大毅決之資，拔出眾人之中，進退超邁，委靡之世為變。尊王黜霸，明義去利，凜然有洙泗之風。

〔註2〕張臨，何許人也？據《康熙長山縣志》記載：「張臨，字慎與，苦志力學，淹貫經史，授徒於長白山，因以自號，人亦呼為長白先生。後徵為國子司業，遷祭酒。延祐二年秋，典山東試事，得張起岩、鄒維學輩，皆一時名彥。」張起岩，《元史》有傳，生於元至元乙酉（至元二十二年），「中延祐乙卯（延祐二年）進士。」《康熙長山縣志》中收錄了張臨於元至治元年所撰《增修范公祠記》一文，至治元為元英宗年號（1321～1323年），文中稱，延祐六年（1319年），長山縣（今鄒平東部和淄博市區西北一帶）重修范公祠，次年開工並完成。張臨說：「余雖老，不覺壯心如昔，是以不讓，樂為之書。」從中可以推知，張臨生活年代約在元前中期。見《山東長白山張先生書院》，《聯合日報》（政協山東省委員會機關報）2018年3月3日第4版。

其後真儒輩出，聖學復明。如發洙泗之湮，先生實指其處，其可不謂之有功於聖門乎？事業巍巍者不足為先生道。長山視先生，情比桑梓。宋治平二年，邑人韓澤知縣事，首率邑中祠祀先生，石刻無恙。金亡祠毀。至元己卯，邑士故江南河北道廉訪僉事韓居仁，兄居貞，倡邑中新之。淫祠倡熾，祈民悉往，先生祠為之寂然。今膠州同知歷下莫侯文淵尹縣，始舉祀典，居貞洎今富寧庫同提舉王居敬，偕邑中十餘鉅姓助牲醴費，距今三十餘年不輟；朱氏賴先生庇，猶奉灑掃居其傍，縣為之蠲泛賦。延祐六年，寧夏子俊順昌監縣，濟陽楊侯僖為尹，滕陽左侯備勾稽，俱慕先生者也，深以祠廢不治，縣甚恥。一日同謁祠下，睹阤剝，曰：「盍葺之？」各捐俸金若干。邑士皆以楮鏹助。忽楊侯遷西臺御史去，子俊亦瓜代。次年秋，左侯偕繼政燕山蒙古忽臺、汴梁梁侯至，始鳩匠，腐者易之，缺者補之，危者崇之，象服非者更之；更內門三楹，廚二楹；東西陬木悉植栢。左侯詣余曰：「先生記之。」惟「先天下之憂而憂，後天下之樂而樂」，孟子所謂「樂以天下，憂以天下」，先生志也。士大夫居相君之位，視天下赤子不以人理待，吮剝之，困苦之，乃曰「吾能為君實倉廩，充府庫」。聞先生之志如何？故讀《岳陽樓記》至此，未嘗不三復莊誦，久為之感慨。承左侯之命，余雖老，不覺壯心如昔，是以不讓，樂為之書。至治元年（1321）八月己巳日記，大中大夫、參議中書省事張養浩題額，奉訓大夫、僉燕南河北道廉訪司事劉從禮書。

○元李穡（1328～1396）《栗亭先生尹文貞公墓誌銘並序》：栗亭先生既葬三月，孫紹宗以所撰家狀求銘其墓。嗚呼，公亡矣！余自燕京奔先子喪，先生先詣公來哭，哭既畢，執余手欷歔良久乃去。蓋今二十年矣，不敢忘也。而道途之遠也，不獲匍匐往哭，銘其可辭乎？敘曰：公諱澤，字仲德。曾大父良庇，茂松縣方長。大父□，正獻大夫、國學大司成，文翰司學，致仕司錄。尙州民有亂其妹者，時旱甚，正獻與長官爭，竟置極刑，天果雨。歷任刑憲，剛正自持，慶尙、全羅、楊廣、淮陽皆所按察。其為中丞，饘粥不繼，煎豆充饑而已，世號清白。考守平，贈奉翊大夫、密直副使，先正獻歿。姚金氏，進禮郡夫人，以至元己丑生公。公生三歲就學，既授輒成誦。正獻每見公有警勾抱之泣曰：「興吾門其汝乎？守平為不死矣。」稍長，痛自樹立，從姑夫尹狀元宣佐讀書，無不通究，尤長於《左氏春秋》。常誦范文正公「先天下之憂而憂，後天下之樂而樂」，以謂大丈夫寧可碌碌耶？（《全元文》卷一七一九）

○元王儀（待考）《忠襄潁川王廟碑》（至正二年）：王諱察罕鐵穆爾，字廷端，乃蠻氏，自曾祖闊闊始臺居沈丘。父河都溫先□大司徒、河南江北等處行中書省左丞相，今封汝陽王。王生性穎悟異凡□，及長就學，慨慷有大志，嘗以先天下之憂而憂。（《全元文》卷一四五六）

○元危素（1303～1372）《太平十策序》（壬午・至正二年）：《太平十策》者，臨川艾君本固之所著也。其綱曰：開經筵以廣聖學，廣儲蓄以備水旱，行銅錢以助鈔法，嚴考績以擇守令，崇節儉以厚風俗，汰冗員以厚正官，獎廉讓以化官吏，舉孝悌以正民彝，通資格以任賢才，修武備以振國威。艾君上書時，今太師忠王方入相，得君書，大喜。中書參議何庭蘭，世稱能吏，亦曰君言可用。下之部而吏議沮之，不報。余嘗論之：四民之中，惟士有天地民物之責，雖窮居草茅，其慮必周於天下後世，此昔之君子先天下之憂而憂也。君處田里之間，民生之休戚見之詳矣，國政之得失思之熟矣，而又能窮經考史，以損益古今之宜。此十策者，蓋其粲然可舉而行者。為國而不先乎此，則以為治者皆自詭而已，顧豈可以老生常談視之哉？今夫居高位食重祿者非無其人，而乃使布衣之士焦心勞思，徒步五千里，奮然言事，言之而又困於吏議，吾不知其何說也。因閱其草稿，書以歸之。（《全元文》卷一四六九）

○元虞集（1272～1348）《李士潛文昭字說》：至正五年（1340）十月，憲使李公重山甫，以書來告曰：「有孫曰士潛，天性孝，好讀書，弱冠嘗使學於成均矣。侍予來洪，欲遣從誨誘，時未遂所願。字曰文昭，請一言以誨之。」潛之字昭也，其取諸《正月》之《詩》「潛雖伏矣，亦孔之昭」者乎？蓋周大夫因繁霜之非時，感僞言之惑聽，眾人不知其可憂，己獨見其物理之必至而作也。子思子引之為言，以申其慎獨於隱微之意。李公受天子耳目之寄於東南，先天下之憂而憂，以致治保民於幾微之際者，固已無愧於昔人之詠歌矣。賢孫亦知念夫祖德已乎？然觀其肇錫之意，深有望其修聖賢之學也。蓋《中庸》之教，自戒慎恐懼於不睹不聞之時，而又示之以至隱至微，而有至顯至見者焉，是以當慎其獨也。釋者謂，獨者人所不知，己所獨知之地，傳所謂人之所不見者乎？曰隱曰微，所謂潛也。曰見曰顯，所謂昭也。其可不慎乎？是故視之不見，聽之不聞，無聲形接乎耳目者，固不可得而言。而莫見乎隱，莫顯乎微，體物而不可遺者，誠之不可揜也。學者知乎此，則慎獨可得而言矣。然而有欲致力於此者，豈有他哉？亦曰敬而已矣。所謂不欺暗室，不愧

屋漏，皆其事也。故曰主一之謂敬，無適之謂一，如是而慎之可也，其惟顯微無間乎？故曰純亦不已，乃天德也。知天德可以語王道，其要在慎獨，然則學者捨慎獨則無所用力矣。士潛歸而觀乎家庭祖父之德行，出而得乎成均師友之講明，其為昭也，豈不闇然而日章已乎？

　　○元全全（待考）《潞州知州張奉議新塑五龍神像記》（至正五年三月一日）：至正辛巳（1341），太原菊軒張侯瞻甫，諱景岩，名野仙布化，剛明果毅，奕宦天朝，蓋學而仕、仕而學者也。烏府薦能，俾來尹是邦。歲壬午，會天亢陽，雨不時若，山待童而泉涸，禾麥半槁，地赭噓煙，耄稚呻吟，而跂踵望雲霓者萬萬，實侯理政之明年也。侯惻然諗諸僚佐曰：「士，先天下之憂而憂，後天下之樂而樂。吾奉聖天子明訓，承宣斯土，職膺字牧，而雨澤愆期，闔境之民，匪遑奠居。寧卻祿食，不忍戕百穀以傷民。雖旱乾之厄，天災示譴，民上之責，果可逭乎？考之往昔，則成湯有七年之旱，且嬰茅斷爪，躬禱林藪，所以重民食也。我當齋沐致虔於龍山之神，懇求甘澍，以慰民望。可乎？」僉曰「善」。（《全元文》卷一七〇五）

　　○元張起岩（1285～1354）《范文正公祠堂碑記》：有際天人之學，斯可以服天下之望；有擴宇宙之量，斯可以成天下之務；有堅金石之操，斯可以任天下之重。隆然煜然，震耀於世者，則文正范公其人也。夫大聖大賢，必曠世而一見，天之降才不偶然也。唐虞之盛邈矣，孔孟之聖而不能得時以行其道。三代以來，唯伊尹、周公之道能施於用。下此則子房之於漢祖，不屑盡其用。孔明之於漢室，不克盡其用。魏鄭公、裴晉公之於唐，粗見於用。而公於宋慶曆、皇祐之間，雖用之，猶未究也。然而公之精忠大節，正言直氣，固已昭三光而徹兩儀，亙千萬年凜然猶生。非學際天人，量擴宇宙，操堅金石者，其曷能與於此！公諱仲淹，字希文，范氏。世為蘇州人。早歲讀書長白山，祠於山之醴泉寺，舊矣。惟公功業在世，聲名在人，與天壤為不朽，固無待乎祠而存。而祠之屢壞屢葺，閱歷如一日，有以驗人之慕公之深，而其來遊、來歌者，慨其風烈，有以興起，則是祠也，於名教風厲甚大。尚論公之平昔，使來者有所法。公服勤茹淡，篤行力學，堅強刻勵，壁立初載，信道不屈，守職敢言，屢貶屢復，謇謇益勵，絕跡凡近，宅心高明，窮達無間，始終一致，其操其學為何如？書條正務至萬餘言，迨其得位，舉見於用，立朝奏陳皆可垂憲，崇化厚俗，敦尚風義，救荒惠貧，所部晏然，出帥西師，夷夏詟服，熟羌來歸，卒臣元昊。及參大政，請明黜陟，抑僥倖，精貢舉，

擇守宰，均公田，厚農桑，修武備，減徭役，覈逋負，重命令，更蔭補之法，嚴監司之選，皆經國遠圖。嘗自誦曰：「士當先天下之憂而憂，後天下之樂而樂。」其自任以天下之重，而力於成天下之務者爲何如？公輕財好施，尤厚宗族，恩例俸賜，常均及之，置義田宅，聚族以給。在邊恩賚，皆以上意分賜諸將。坐呂相貶，至其再起，歡然相約，戮力平賊，其量爲何如？民饗公利，以范爲姓，公所履歷，民多立祠，中國外夷，莫不喜稱公之姓字而樂道其善。夏師之擾，關輔搖動，聞其出鎮，人心遂安。夏人謂公腹中自有甲兵數萬，至有破膽之謠。仁宗聞其往援定州，喜曰：「吾固知范某可用也。」及登政府，一以太平責之，降手詔，開天章閣，賜坐，趣條具天下事。天下之人視其去留以驗治否，其所以繫天下之望者，又何如哉？蓋嘗論之，公生於宋，仕於宋，而其人品、器量、風節則偉然三代之臣也。宋儒言本朝人才，以公爲第一，蓋確論之不可易者。起岩齊西晚生，東瞻長白，不遠五舍，徑拜祠下，惕然興懷，既敍其跡，復繫以詞，俾歌以祀公。其辭曰：翳眞材之間出兮，羌兩儀之效靈。在地則爲山嶽兮，在天則爲列星。膺牛千之名世兮，必興運之是丁。開一王之盛治兮，示四海之儀刑。復隆古之泰道兮，措群生於粖寧。惟公之生允無愧於是兮，固已揭日月而奮雷霆。跡效著於人心兮，劇金石之勒銘。威望振於外夷兮，忠赤簡於大廷。不希世以詭隨兮，唯大猷之是經。上方軌於三代兮，下垂譽於千齡。沒齒凜乎不忘兮，功烈賁乎汗青。復元氣於太虛兮，佐元造於冥冥。尚斂福以錫民兮，驅疫癘而殄蝗螟。睠故山之陳跡兮，鑒醴泉之清泠。俯岫幌兮款岩扃，息風馬兮駐雲軿。薦松醪之醲鬱兮，擷野藪之芳馨。仰精爽之來下兮，庶肅然之一聆。儆鄙頑與貪儒兮，將如悟而如醒。恍神遊之無方兮，眄荒祠而涕零。耿英靈之如在兮，齊長白之亭亭。（民國二十二年刊《鄒平縣志》卷五）

　　○元胡翰（1307～1381）《樂道齋記》（至正十六年三月）：斯君文壽來自行御史臺，留郡邸。搢紳與之遊者誦君之美，而告於余曰：「斯君，天子之國學生也。以才能推擇爲時用，其志未嘗不在詩書俎豆間。故有齋曰『樂道』，願先生一言，以相其志。」余聞之，駭且愧，鄙人於道，未款啓也。斯君之所樂者，鄙人何足以知之？將以言其牉也，則鄙人之履跡未嘗及君之門，目未嘗擊其輪奐之美。二者何居？雖然，昔者嘗私淑之矣。天下之可以快耳目，娛心志者，其爲物至夥，而君子弗好之，弗好之則弗樂之。君子之所樂者，重珪累組不足以爲貴，萬鍾千駟不足以爲富。君子之所樂者，舉天下之物不

足以喻之。先乎天地而不見其始，後乎天地而不見其終，行乎日用而無乎不在。是故三皇得之以立人極，五帝得之以顯人文，禹得之以紹舜，湯得之以革夏，文武得之以造周。伊尹得之於野，成湯舉之；顏淵得之於陋巷，孔子稱之。孔子得之，而人莫知之，故孔子得之最深，而不知老之將至。孔子之徒既沒，由是而得者鮮矣。更千五百年，而周茂叔令其門弟子求之。其弟子程伯淳求之，其後朱仲晦繼之。然皆引而不發，由是而知者鮮矣。吾嘗求之天地，天地高厚而無窮。於是而求之日月，日月循環而無端。於是而求之四時，四時變化而不測。於是而求之萬物，萬物生生而不息。於是而求之吾身，吾身至近，若或得之。耳目視聽，熒於聲色，口悅芻豢，體好安逸，於是克而治之。心通乎神，性命於天，至微至賾，無物不該，於是存而養之。克治存養，日求不足，於是而勉強以繼之。勉強猶人也，非天也。故求三十年矣，志勤力勱，而未之慊也。今君乃得以名其齋，其盎若飲醇酎乎？灑若聆廣樂乎？若登春臺而熙熙乎？若遊康衢而皡皡以為徒乎？是未可知也，吾又烏足擬諸形容哉！為我謝斯君，國家軍旅之事方興，而君之車馬有行色，余不敢請間也。君子先天下之憂而憂，後天下之樂而樂，古之義也。君幸職思其君，以報國家。天下安，而後臣子得遂其私。他日退而燕處是齋，由余言以求余之所不言，其尚何如哉！其尚何如哉！至正丙申春三月，嬀仲子記。（《全元文》卷一五六九）

○元蘇天爵（1294～1352）《題胡古愚隱趣園記》：太常胡先生懸車歸老東陽，有山林深邃之居，有圖書諷詠之樂，有子孫以具旨甘，有田園以供伏臘，又值國家承平之世，優游以享高年，蓋亦福德君子哉！余舊見中州賢士大夫宦遊四方，罷則無所歸，其清節可尚已。昔者范文正公將老，移疾家居，家人以居室未完美為患，公聞之曰：「人苟知道義可樂，雖形骸亦可忘。」是即先天下之憂而憂，後天下之樂而樂之志歟！

○元楊維楨（1296～1370）《曠怡堂志》：東嘉鄭宜叔名其堂曰「心曠神怡」，歐陽先生既為四大字書之，且遺之詩，為養志之孝、衛生之說。又持其卷謁予錢唐，徵一言為志。人疑宜叔方以壯年仕於時耳，且有志於民者，遽以曠怡名其燕私，何也？蓋亦有說。仲淹氏曠怡者，記岳陽樓，以人三有等而上下之：感而悲，下者也；曠怡者，中以上也；不以物悲，不以己喜，則上之極摯也。惟曠也，萬物無以逾其量；惟怡也，萬物無以敵其適。推而上之，不以物喜，不以己悲，是廟堂君子之志也。宜叔之學，有加無止，必造

極於是，仕之進而升者，法當去州縣勞，而上佐夫廟堂君子也。信其志也，其不爲先天下之憂而憂，後天下之樂而樂者歟？若是，則宜叔之曠怡者不翅。

○元譙希亮（待考）《明遠亭記》：縣北有山曰金華，瞰於涪江之右，懸崖絕壁，迭嶺森松，鬱乎蒼蒼，萃然中起。諸山來朝，勢若星拱，雲收霧斂，地迥天長。四顧徘徊，目窮千里，皦然而無遺覽矣。歲在著雍敦牂，燕山廉公承務領方牧之命，來監是邑，威不尚猛，刑不尚嚴，教敷政憂，治多日暇。嘗遊是方，介然以唐賢拾遺爲念，特修築屋宇，塑其遺像，彩繪一新。乃構亭於書臺之側，凡崇祀禮畢，則燕醼休息於其上，扁曰「明遠」，蓋取乎遠水映帶，群山紺碧，日月重光，上下洞徹，朗耀輝鮮，詭狀繡錯，在我襟懷，不限於白雲藩籬，碧天屏障，極鳶魚之戾躍，霞霧窮飛，幽隱纖悉，都無瑕翳。故知公之才器遠大，不沾沾於風俗，不察察於小知，心耿耿乎昭融，將大補葺罅漏於國朝也。蓋士君子居廟堂之上，而憂在江湖之遠；處江湖之遠，而憂在廟堂之上。此士先天下之憂而憂，後天下之樂而樂也。（《全元文》卷一八〇九）

○明張以寧（1301～1370）《聯桂堂記》：古者，崇重其人則必更名其居以表異之。康成之鄉曰鄭公，以其德；慈明之里曰高陽，以其才；王彥方之義，其鄉曰君子；張嘉貞之貴，其里曰鳴珂，自漢唐氏則然。今杭郡更名吾沙君子中所居之山曰「聯桂」，蓋猶古之意也乎？其名聯桂何？子中之二子善才、善慶同登至正辛卯進士第也，郡守嘉之，以子中所居之山舊名螺螄之弗稱也，故更之以今名。子中拜聖天子之寵光，樂賢侯之美意，而喜二子之克肖，遂以扁其所居之堂，因山名也。夫唐人以登第爲攀桂，蓋自郤詵所謂「桂林一枝」始，矧二子之蟬聯於一舉者乎！噫！亦榮矣。抑予聞楚屈子之爲騷，以香草比君子，而桂與蘭爲首稱，豈不以桂爲嘉植孤芳於眾穎之中，猶君子之特立獨行，其修名婧節垂芳於千載，不與草木同盡者，有足尚也耶？昔我朝之始設科也，指意若曰吾得一范文正公足矣。夫范公所以垂千載者匪他爲，亦曰「先天下之憂而憂，後天下之樂而樂」，古之君子之用心焉耳矣。祖宗設科固將以羅天下之豪傑，而天下名豪傑亦詎肯捨是途而他出哉？自始兵來，立功立節振起時運者類多從是出，蓋吾進士之崇重於斯世也久矣。是故以之樹石題名於太學者，聖天子之勸於天下也。以之名所居之山者，守之所以勸於郡也。以之名所居之堂者，父之所以勸於其家也。吾知予子中之意必不志於榮一時而止也，噫！士之生世榮穎盡於百年而芳穢垂於終古，二子者其尚勉其所以爲崇重之道哉！予於子中忝年弟，視二子猶子也，盡發子中名堂之

意而記之，亦所以勸也，二子其尚勉之哉！他日予將屢書焉。若夫紀山川之
奇勝，述室宇之幽邃，非名堂大義所繫，不書。（《全元文》卷一四六二）

　　○明孫作（1373 年授翰林院編修）《滄螺集・半閒齋記》：吾鄉許公中行，
隱於醫者也。扁其室曰半閒，屬記於江陰孫作。作以謂公既無求而自足矣，
猶有羨於半間者耶？雖然，世之厭事於功名者，奔走造請，欲求須臾之閒且
不可得，而況有以託於半間者哉？若公之逃名而名隨之，不即人而人即之，
則其有羨於半閒也，無足怪矣。一日，見公晨坐小齋，對置香一篆、琴一張、
書數十卷。香未爇，琴未闋，書未啓帙，而冠屨滿門，列兩廡下，虔若小吏
之候長官，惴若子男之奉邦伯，若見所畏而有求者，歷數其座人，則曰某貴
人也某富人也，某嬖人之子也，下至奴隸小人，愈下而愈眾。問其所從來，
則曰「某病痹」，「某病蠱」，「某病痿」，「某咳而不止」，「某逆而食不下嚥」。
公不得已而視之，指其左者曰：是其病在表，在裏，在隔，在五臟，在六腑。
又指其右者曰：以某藥則平，以某藥則鬥，以某藥則期月而良已，以某藥則
潰亂而後瘳。其不治，則曰砭不能達，焫不能加，湯液不能攻，雖岐、黃、
俞、扁不能起。既而愈不愈無毫髮之不驗。余作而歎曰：甚矣醫之類乎相也，
以一身而任天下之眾憂，將欲人人而濟之，使饑者無不食，寒者無不衣，求
者無不得其欲，民生之銖兩利病，恃我而休戚，不啻醫之寄我以死生，則其
勞亦甚矣。非特相也，自一命而上，位有等衰，職有繁簡，勞必稱是。然則
天下固未有無事而食者矣。諺曰：「一日不作，則饑隨之。」夫相者，吾君子
之所任也。天下之富貴，莫加於相矣，猶且不敢怠事而食。若操縵斲輪，捆
屨織席，緣技而食者，其敢一日捨技而嬉哉？吾見其自幼至老，役役於憂患
之途而莫止也。於此有人焉，上不勞於相，下不賤於技，計其高尚，則過於
人，視其勞苦，則半於人，豈古所謂天民者歟？所謂勞苦者，吾事也；所謂
逸而安者，天之與也。吾可以忘所自哉？一日之內，投壺彈琴，飲酣笑歌，
樂而不忘其憂，逸而不忘其勞。執爵而慶曰：天之與我者，得無過乎？則庶
乎免矣。先天下之憂而憂，後天下之樂而樂，吾君與吾相之事也。志不可滿，
樂不可極，公其勖之。（《永樂大典》卷二五三六・七皆・齋・半閒齋）

　　○明梁寅（1303～1389）《范莊廟記》（洪武六年十月）：姑蘇，東南之名
郡也。范文正公為郡之先賢，而獨以忠貞勤勞範模千祀。余嘗東遊至是郡，
而未獲謁公之祠，以為歎恨。門生有為軍吏自姑蘇還者，以書來曰：「吳中之
士大夫慕望於先生者眾，文正公祠為郡之瞻禮，願先生記之。」且曰：其地

至今號范莊，其廣邀修飭，敬祀靡懈。其麗生之碑仍刻《義田記》，恩澤雖熄而風教攸繫。其臨衢仍曰文正坊，子孫居廟之傍者猶多。其周圍桐柏松篁蕭森陰翳，其前護以石闌，列以石獸，神之威嚴猶令人悚然。余嘗以爲，古之賢哲者其人遠矣，而後人之廟而祀之，尸而祝之，非神之嗜飲食猶生也，而以生祀之，猶父之臨，猶師之嚴，則所以勸德勵善，必毋敢怠。今姑蘇之士民有先賢以爲範模，山川之靈毓爲俊髦，而少有異聞，長有恆習，以衣冠之賢爲邦家之用，先天下之憂而憂，後天下之樂而樂，孰謂古之人而不可求之今也哉？遵乎仁義之轍，紹乎英烈之風，余之期於吳中之士，固非淺淺也。門生之請記者曰孫其淵。是記之作，洪武六年冬十月也。

　　○明王褘（1321～1373）《王忠文公集》卷十《清風樓記》：金華枕山帶溪以爲城。按郡志，金華山一名長山，其高幾千百丈，綿亙數十百里，當其陽，有峰拔起，卓特而圓粹，曰潛嶽，亦曰芙蓉峰。由峰之址支爲群岡，蜿蜒散出，南走二十里，屬於溪乃止，郡城在焉。溪從烏傷、武義兩縣來至城下，合流而西，世謂爲雙溪。城東南隅岡之旁出者，其石角立，勢若與溪鬥。城據其上，形亦樅以旁出，直城之陬，上構重屋，今所謂清風樓也。指揮使徐侯居鎮之三年，威行惠孚，軍政寧輯，於是覽視城壁，占形度勢，而樓作焉。其崇五十尺，爲楹間者五，取工於卒之在更者，取材於木之在官者，不閱月而告訖工。邦人士女第見修甍穹棟，傑立翬飛，上出於霄漢，然莫知其經費所從出也。既成，侯與賓客登而落之，山如屏障，擁青排紫，拱列几席，外溪流若碧練，迤邐環繞於履舄之下，百里之內，聚落煙火、川原林木、田疇、桑麻、禾稼之屬一舉目可盡也。清風徐來，襟度曠爽，令人有超世之思，故取唐嚴維詩語，名之曰清風之樓。郡城之南有樓曰八詠，其東故有明月樓，又東而爲清風樓，爭雄競勝，而溪山之概，攬挹無遺矣。侯年方壯而好學，有功不自伐，樂從賢士大夫遊，俾余爲文以記之。余聞之，君子之爲樓觀之美也，豈徒取夫遊覽之適以爲樂哉？必有事焉可也。登斯樓也，念王事之爲重，睹民生之多艱，侯於是殆有不勝夫慨然者矣。昔范文正公記岳陽樓，其言以謂「先天下之憂而憂，後天下之樂而樂」。嗟乎！此固侯之志，君子所當以爲勉者也。遂書以爲記。

　　○《台州府志》卷一○一：徐宗實（1344～1405），名昌，以字行。〖明史・桂彥良傳〗號靜齋，黃岩人。父存翁，元樞密院都事。宗實兄弟三人，仲宗茂，季宗原，皆有異質，自相師友。宗實弱冠聞永嘉史文璣得朱子正傳，

同弟往從之遊，深有領悟，常有經綸天下之志，慕范仲淹爲人，恒誦「先天下之憂而憂，後天下之樂而樂」之語，拊几曰：「必如是，而後可謂士矣。」洪武十五年，應聘詣闕，敷奏剴切，授司風紀職，辭。〖赤城後集黃淮撰墓表〗

　　○明楊士奇（1366～1444）《少保戶部尚書黃公神道碑銘》：自古仁人君子之明夫道者，恒以天下國家爲心，而不爲其私計。范希文言：「士當先天下之憂而憂，後天下之樂而樂。」夫天下之懷抱斯志者，未嘗無人。顧其志得行與否，則繫於其所遇。以希文之志猶不得盡行於當時，非所遇之難乎？惟士之卓然有志者，則不以是而或怠，然亦鮮矣。三四十年間，士奇所接名卿大臣，若東萊黃公，其可謂有志於希文而無愧者也。公稟剛毅之資，持正直之節，懷忠厚之志，負遠大之器，風采凝重，氣量弘偉，而表裏洞達，博學好古，篤信不疑，不苟爲同，不矯爲異，不爲勢屈，不爲禍懾，惟義之循，惟道之行，豈非士之卓然者歟？公諱福，字如錫，東萊之昌邑人。

　　○明解縉（1369～1415）《後樂堂記》：聖天子尊臨大寶，記年永樂，臣縉當筆署詔，奉天殿中聖天子若曰：「永與民同樂，此朕志也。」其以署詔記年，大哉聖言！身修思永，樂以天下，二帝三王之盛心也。斯世斯民，萬世一時之遇也。昔者二帝三王以是存心也，其臣皋、夔、稷、契、伊、傅、周、召，下至嗇夫阪尹，皆同此心，至於海隅蒼生庶類，凡有心者莫不同焉。雍熙太和，上下一體，何其盛哉！亦感應然也。聖天子作於上，寧無翕然應於下者乎？北京刑部尚書黃公，山東昌邑人，洪武甲子舉於鄉，入胄監，事太祖高皇帝，歷官至工部侍郎。聖天子首擢工部尚書，調今官。永樂四年，師征安南，受命先次廣西鎮遏，調饋餉給乏絕，明年，安南平，總治交趾布政按察司。又明年，盜起海上，師復來征，兵民事劇，叛服情變，撫摩帖抑應對周旋，以體聖天子之盛心，平定安輯之俚，同其樂，無異於圻甸之中輦轂之下也。是以竭其心思，勞其耳目，盡言而極論，早作而夜思，揣摩盜賊之情，而惟忘一事失其機；度量任使之器，而惟恐一士失其當。身體黎庶之艱，而惟恐一物之失其所。此其心無時而不憂也。乃以後樂名其所居之堂，而謂予記之。且曰：「予有慕乎范文正公之言：『先天下之憂而憂，後天下之樂而樂也。』」嗟乎！文正公雖以使相出鎮，立功西陲，而仁宗未究其用，故上視周、召有所未及者。今聖天子所以任公者，過於仁宗遠矣，而公豈惟慕於文正公者乎？雖然，其言即周、召之言也，其心即周、召之心也。公慕之宜也。（明陸釴《山東通志》卷三七）

　　○明王直（1379～1462）《王忠文公集》卷十五《孔子廟庭從祀議》：聖人之道，或著之事功，或載之文章，用雖不同，而實則一致。三代以下，人才莫盛於宋，東都其間，慨然以聖人之道爲己任，而著之行事者，范仲淹而已。其言以爲「士當先天下之憂而憂，後天下之樂而樂」，雖伊尹之任，無以尚之。況當其時，天下學術未知所宗尚，而仲淹首以《中庸》授張載，以爲道學之倡。蓋其爲學本乎六經，而其議論無不主於仁義。雖勳業之就，未究其志，而事功所及，光明正大，實與司馬光相上下。自聖道不行，世儒徒知章句以爲事，而孰知聖人經世之志固不專在是也。

　　○明王直（1379～1462）《抑庵文集》卷一《重修范文正公忠烈廟記》：正統八年（1443）十一月，蘇州府重修范文正公忠烈廟成，其十一世孫都察院照磨子易具事始末，屬直爲之記。……公之德業著於當時，傳於天下後世，不繫乎廟之有無也。然表先正以儀來今，使後生小子得瞻其廟貌，想其精忠偉烈，而興企慕之心，則廟亦不可無也。乃各出貲，俾吳縣令永嘉葉錫圖其成錫毅然以身任之，殫心盡力，規畫處置，凡鄰邑之令佐皆以貲來助，市良材，命眾工爲堂前後各三間，以奉公及三世先公像，東西廂如其數以藏祭器，而齋宿寓焉，壯麗嚴整有加，於昔中作石橋，橋南左右爲碑亭，前作大門，榜曰「敕賜范文正公忠烈廟」，經始於是年九月初九日，閱兩月而廟成。直聞之，士之能任天下之重者，必以天下爲心。心之欣戚主乎人而不私於己，是以天下爲心者也。以天下爲心，則人庶其有濟矣。初，公未顯時，已欲任天下之重，若曰：「士當先天下之憂而憂，後天下之樂而樂。」夫優人之憂，而欲免其憂，使人皆樂，然後與之同其樂。此豈小丈夫然哉？《孟子》曰：「禹思天下有溺者，猶己溺之。稷思天下有饑者，猶己饑之。」公之心猶是也。故其德業之盛，不愧乎古人，豈特著於西土也哉？嗚呼！士不以天下之重自任者多矣，不以天下之重自任，則其所存所行，一主於爲己，人之利害不少概於其心，而又悻悻然自以爲得功烈之卑，無足怪也，而所以爲士者果當如是耶？然則公之孫與邦之人士及四方之來者，拜公之廟，慕公之功業，必當師公之心，充之以仁義，而力行之，於公其殆庶幾乎？

　　○明薛瑄（1392～1464）《流連荒亡》：歷觀盤樂之弊，而齊君可監矣。夫流連荒亡，有一於此，民且不勝其困也，而況四者之交聘乎！宜晏子舉以爲景公告也。若曰：「古昔先王之治天下也，先天下之憂而憂，後天下之樂而樂也。」

○明張文（待考）《西溪三賢堂記》：大賢君子出爲世用也，未嘗不以膏
澤斯民、勳業當代爲己任，然志有在焉，而力或不逮，則能相其力而成其志
者，斯亦大賢君子之徒與？宋有天下三百年，光嶽所鍾，奇才迭出，而議者
則以范文正公爲稱首。觀其言曰：「士當先天下之憂而憂，後天下之樂而樂。」
此其立志之高，固與一世同其休戚，而凡所以膏澤斯民、勳業當代者，豈故
誇世而要譽也耶？

○《明宣宗寶訓》卷三：宣德三年（1428）正月辛亥，有舉范文正公十
二世孫范希正端敏誠篤，才堪撫民者，上命行在吏部召用之，因謂侍臣曰：「范
仲淹嘗言：『士當先天下之憂而憂，後天下之樂而樂。』士君子皆當以此存心。」

○《明宣宗章皇帝實錄》卷三五：辛亥，直隸蘇州府吳縣巡檢譚覆奏舉
宋范文正公十二世孫范希正端敏誠篤，才堪撫民。上命行在吏部召用之，因
爲侍臣曰：「范仲淹嘗言：『士當先天下之憂而憂，後天下之樂而樂。』士君
子皆當以此存心。」

○明倪謙（1415～1479）《倪文僖集》卷《重建范公祠記》（天順二年〔
1458〕五月）：士懷康濟之略，建豐偉之績，盛德令名，掀揭宇宙，振耀華彝
者，豈特達而後能哉？蓋志之所存氣之所養已具於窮約之時矣。即窮約所居
之地，仰其人之高風餘烈，從而廟祀之，以著邦人百世之思，亦禮所宜也。
山東長山，文正公窮約所居之地也。公本蘇人，幼孤，母貧無依，改適朱氏，
攜公來斯，遂冒其姓，名悅，後舉進士，始復本姓，名仲淹。公之蚤年也，
修學長白山醴泉僧舍，日作粥一器，畫爲四塊，蚤暮取二塊，以鹽虀數莖啗
之，其清苦如此。及後貴顯，門中如貧賤時，賜金悉以遺將佐俸，餘悉以贍
宗族。孟子所謂富貴不能淫者，此也。非由其氣之素養乎平居。嘗自誦曰：「士
當先天下之憂而憂，後天下之樂而樂。」其抱負如此。……長山舊有公祠，
宋治平知縣韓澤始建，金亡祠毀。元初邑士韓居貞新之復毀於兵。國朝縣佐
余景望重建，歲久頹敝。邑之義士許進可升博學好古，嘗輸粟濟饑，受朝廷
璽書之旌，顧瞻祠廢，力欲葺之……經始於天順元年三月，落成於是年五月。
戚畹都闈鄒平孫公續宗嘉可升尊賢之義，爲徵予言記之。惟文正公之事業具
載史冊，奚容贅辭。獨以公大過人者，本於窮約，所志所養，足以廉頑而立
懦，故特舉以告邦人，俾吾黨之士，凡修容於是祠者，歆慕激昂，靡不存其
志，養其氣，以追蹤前哲，則可升是舉於名教豈小補哉？是則可升之好義、
孫公之樂善皆可書也，遂爲記之。

○明何喬新（1427～1502）《何文肅椒丘先生策府群玉文集》卷上《將相》：
蕭、曹以清淨致治功，良、平以謀謨贊王業。……「先天下之憂而憂，後天
下之樂而樂」，則范仲淹之志也；「文章止於潤身，政事可以及物」，則歐陽修
之言也。漢、唐、宋之爲相也如此。

○明大學士尹直（1431～1511）《濯纓亭記》：揚之興化之城南，有水曰
滄浪，宋范文正公嘗尹茲邑，築亭於滄浪之陽，曰濯纓。歲久亭圮而名存。
成化癸卯夏五月，巡撫都憲徐公閱郡志，得公所賦滄浪亭諸詩，慨然景慕，
有興葺意。維時郡二守高平李侯絨聞而趨焉，即規畫工費，屬邑令汝南劉廷
瓚敦其事。顧亭舊址，蕪僻隔水，往來病涉，因擇地於滄浪西碕，畬土築臺，
構亭其濱，欄檻軒櫳，亢爽洞豁，堂寢庖湢，靡不具美。前峙雙垣，仍扁濯
纓。又架略彴度水之東，創一水亭，覆之以茅，環亭鑿池，植蓮千餘本，號
蓮花堡，每景燠風薰，芳馨襲座，故凡行部觀風之使暢懷，休勤縉紳科舉之
士，祖離合歡，韻人墨秀之唱詠諧嬉，咸於斯萃，或挹其清，或擷其芳，觀
遊奇勝，遂甲一邑矣。嗟夫！二侯之爲此也，豈徒以資覽觀、娛賓客、備宴
樂而已哉？蓋景仰範公之志寓焉。公嘗有曰：「先天下之憂而憂，後天下之樂
而樂。」味公之言，究公之志，固未始不一日憂及於民，則此濯纓亭也，亦
其釋煩舒鬱，後樂之樂云爾。後之職字民者，不心公之心，憂公之憂，而惟
遊觀宴樂之是踵，則雖緬懷景仰，而匪公素志，君子奚取焉。（《重修興化縣
志》卷一。濯纓亭在稅務所前，宋范文正公建）

○明黃仲昭（1435～1508）《未軒文集》卷一《諫元宵煙火詩疏》：臣
等伏願陛下寬斧鉞之誅，採芻蕘之語，將此煙火等事一皆禁止，不使接於
耳目，而移此視聽，爲文王之視民如傷，爲大舜之聞善若決江河，省此冗
費，以活流離困苦之民，賞征戍勞役之士，則干戈可息，災旱可消，百姓
可以富庶，四夷可以賓服，億千萬年，享太平無疆之休，所謂先天下之憂
而憂，後天下之樂而樂，則陛下之所以奉養兩宮者，其孝豈有大於此哉？
惟陛下深思而力行之，不以臣等爲沽矯，不以臣言爲迂闊，使天下後世知
大聖人之所作爲出於尋常萬萬，豈惟臣等之幸，實宗社生靈之大幸也。臣
等昧死謹具本以聞。

○明都穆（1458～1525）《南濠詩話》：老杜詩云：「安得廣廈千萬間，大
庇天下寒士俱歡顏。」白樂天詩云：「安得大裘長萬丈，與君都蓋洛陽人。」
二公其先天下之憂而憂者與？

○明都穆（1458～1525）《鎮朔樓記》：慶陽之地，山川險固，為關輔保障。其城自昔倚山為之，北門之上有樓焉，相傳宋文正范公為經略安撫時所建。……穆今以奉使過慶陽，而樓適成。張君與穆以酒落成之。翌旦，復來請記，將刻之石。穆聞之，天下之事其成敗若有數，而實繫乎人力。斯樓之將傾，人莫之顧，蓋有年矣，幸而遇總制公既去復來，竟畢初志，殆天留以俟公，使之繼夫范公也哉！昔范公有云「先天下之憂而憂，後天下之樂而樂」，所以出入將相，重當時，名後世。斯樓固舊所理也。公其心，范公之心者乎？穆學識荒陋，言不足為斯樓重。若濬溝之事，則並及之。俾後人得有所考焉。

○明吳廷舉（1460～1526）《立志說》：君子所就之大，未有不由於志之大者志也者，所以期其所至，而求必至焉者也。志之所至，氣必至焉。有毅焉必志之至，而終身不能至焉者，天下未嘗有也。有不能至者，必其志之未定也。志之未定者，汎然而思，卒然而行，忽然而罷，茫然而無所報者也。……吾觀程伯淳自十五六時慨然有求道之志，寧學聖人而未至，不欲以一善成名，寧以一物不被澤為己病，而不欲以一時之利為己功。其志之大有如此者，而其所就為天下完人，為龍德正中。范希文自做秀才時便以天下為己任，先天下之憂而憂，後天下之樂而樂，其志之大有如此者一旦仁宗大用之而事業顯於天下。嗚呼！伯淳者豈顏氏之徒歟？希文者豈伊尹之徒歟？豈所謂豪傑之士曠百世而一見者非歟？蓋嘗試論之。士君子立身天地間，固當負荷天地之事，直上與古之聖賢為徒，而士之卑卑者有所不屑，直以天下國家為吾分內，而頻頻於尺寸之功者有所不為。伯淳何人也？希文何人也？予何人也？有為者亦若是，吾何畏彼哉！其志愈堅，則其為之也愈力。其為愈力，則其齊之也不難。故志乎二公者，則亦終為二公而已矣。《書》曰：「功崇惟志。」傳曰：「有志者竟成。」此之謂也。若夫立志不高，而安靦靦靡靡者之為，則語及二公，必曰：「彼昔之所謂大賢君子也，我何人斯？惡敢望彼哉？」嗚呼！奚有於是亦為之而已矣。為之，則人皆可以為堯舜，而塗人亦可以為禹；不為，則曹交之食粟，孟子之所謂未免為鄉人也，亦何憚而不為哉？故夫自謂不能而不為者，自暴者也；謂我能之而不為者，自棄者也；謂我能之而為之而不力者，自畫者也。是皆無志者也。是其見之不明，初之不審也。嗚呼！天下之有志者寡矣。吾讀胡文定書，其亦有所感也。予誦王東石卷，其亦有所慕也。故著此以勉多士，冀立志以明道、希文自期待，予深慶也幸也。

　　○明邵寶（1460～1527）《容春堂後集》卷一《三登贈秦都憲》：予嘗登岳陽樓，讀高平范氏之記，徘徊臨眺久之。或曰：「巴陵勝概，在洞庭一湖。」信哉言乎！曰：吾觀范《記》，蓋云方《記》之未作也。勝固在湖也，廠既有記，則勝不在湖，而在斯文矣，然則何謂？曰：《記》曰：「處江湖之遠則憂其君，處廟堂之高則憂其民。」又曰：「先天下之憂而憂，後天下之樂而樂。」蓋古仁人之為心，如此而四三言者盡之，此天下之勝也。雖然，君子讀是而感發焉，固亦斯樓之勝哉！若所謂坏吳楚而浮乾坤者，則奚庸愈於此。

　　○明湛若水（1466～1560）《格物通》卷四《誠意格・立志下》：資政殿學士汝南公范仲淹所學必以忠孝為本，其所志則「先天下之憂而憂，後天下之樂而樂」，其有所為，必盡其力，曰：「為之自我者當如是，其成與否，有不在我者，雖聖賢不能必。」此諸葛武侯不計成敗利鈍之誠心也。

　　○明湛若水（1466～1560）《格物通》卷五三《治國格・正百官上》：臣若水通曰：邇臣，近君者也，故欲其守和，蓋過於和則流而為同，不及於和則過而為亢。是故知剛知柔、納約自牖者，可以語守和之道矣。宰者，太宰之官，掌建邦之六典，故以正百官，使不越其分，不曠其職，而百官正矣。大臣，二伯六卿也，爵位既重，故慮四方先天下之憂而憂，後天下之樂而樂，自不容己矣。邇臣、太宰、大臣各修其職，此朝廷所以無不正之官乎？

　　○明湛若水（1466～1560）《格物通》：此詩人言伐檀者之勵志也。坎坎，伐斧之聲，言用力伐檀，將以為車，今乃置之河干，而無所用，不得自食其力矣。如不耕則不可以得禾，不獵則不可以得獸，是以寧甘心窮餓而不素餐也。然其勵志何以能若此哉？原其志之所存必有在矣，非真有以見夫天理之本體。富貴貧賤處之一而不少易其志者能之乎？志定則守定，守定則非其道一介不取，非其力一食不受也。嗚呼賢哉！伐檀之志乎？由此推之，立此志於學，則必為先難而後獲矣；立此志於仕，則必為先事而後食矣；立此志於天下，則必為先天下之憂而憂，後天下之樂而樂矣。故曰不患志之不立，惟患心之無見。故君子之學必先求見大而後可。（《古今圖書集成・理學彙編・學行典・第六十二卷・志氣部總論》）

　　○明何孟春（1474～1536）《餘冬序錄摘抄》卷二：《孟子》曰：「天將降大任於是人也，必先苦其心志。」是以味喻志也。張良曰：「良藥苦口利於病，忠言逆耳利於行。」是以味喻言也。楊雄曰：「顏苦孔之卓。」是以味喻學也。蓋以安居快適之時寓勤勞困悴之義，君子固有擇焉。天下之物，甘者常少，

而苦者常多。天下之情，苦者常多，而樂者常少。處樂者易，而處苦者難。故爲學者必攻苦食淡，疲精力而不敢逸。立身者必飧米齕蘗，絕嗜欲，戒遊逸，而不於便安是圖；蒞政治事者必勞心焦思，鞠躬盡瘁，先天下之憂而憂，後天下之樂而樂，而後學可成，身可立，而政事可行也。苦之義其盡於是乎？公入爲天子股肱心膂之臣，凡政之黜陟予奪，無所不得聞，出爲爪牙之將，凡令之生殺賞罰，無所不得行，然都重位而不忘乎勤，饗厚祿而不忘乎儉。寧勤吾之身，而不忍勤吾之民；寧困吾之心，而不忍困吾之事。通達民隱，奉宣德意，如古所謂問民疾苦者，暑不張蓋，險不乘輿，手撫瘡痍，口問疾病，如古所謂與士卒同甘苦者，公之心蓋以天下爲心，而不以一人之心爲心也。予故以公之所自處者爲說。公有味於斯言也哉！嗚呼！爲是說者，亦爲之窮且苦矣。

〇明呂柟（1479～1542）《涇野子內篇》卷九：呂時耀問：「平日曉得『戒愼』、『恐懼』，臨事對物，畢竟引之而去者何？」先生曰：「還是工夫不熟。程子曰：『爲氣所勝，習所奪，只可責志。』」又問范文正公爲人清苦。先生曰：「甚好襟懷，做秀才時便『先天下之憂而憂』。若士志於道而恥惡衣惡食，不甘清苦，便不可與入道。莊子曰『嗜欲深者天機淺』，說得好。」問：「人心不公，其故安在？」曰：「勿以喜怒爲愛憎，勿以同異爲賢愚。須克去己私，方得長進。」

〇明呂柟（1479～1542）《四書因問》卷三《里仁篇》：劉邦儒問：好仁何以無尚之者？曰：這個仁字是天地生生之理，吾之心原與天地萬物爲一體，第人爲私意所蔽，遂將此仁背去了。誠能好仁，則必視天下猶一家，萬民猶一人，心中自然廣大。凡其富貴貧賤莫得而加尚之，以故孔子惟好仁，視不義之富貴如浮雲，顏子不違仁，則簞瓢陋巷不改其樂。若學做好仁惡不仁的工夫，到著實去處者，雖至絕糧，不慍也。今人心中營營擾擾，常有不足處者，只是未好仁。先生曰：聖門教人，常以這仁字來說。蓋天地以生物爲心，元氣一動，盈天地間。麒麟、鳳凰生之，昆蟲、蜂蛇亦生之，松柏、靈芝生之，菌蓬、荊棘亦生之，熙熙然都是這生意所到。吾人之心，元與天地這個心一般大，再無遠近，彼此之別，大舜能全得這個心，故於庶頑讒說也要引他入於忠直，並生天地之間。范文正公先天下之憂而憂，後天下之樂而樂，他亦有這襟懷，吾輩能體得這個意思，則所遇者，即天地間聲色貨利富貴勢力，俱敵吾這仁不過。凡盡力於學，須要學仁學天，方是無有不足處。孔顏之所爲樂處者，蓋得於此。

○明歐陽鐸（1481～1544）《後樂園記》：嶺以東爲惠、潮，其地錯山海，民檀饒自庸，亦時阻固弗靖。……正德丙寅，始作公署，然不常蒞。今上即位之明年，西亭施公聘之膺簡命，始爲居守計，時境內驚甚，或止無以家隨，西亭不應遠近知有固志，兵日振。明年，民有寧宇，西亭亦稍暇，公署左舊有隙地，可二畝許，咸耒趨事，嫷除叢蕪，而相度其宜鑿方爲池，而引鹿坑泉注之，上爲石樑，其南爲堂，又左爲射圃，圃有亭，既成西亭，遊而樂之，曰庶幾不侈矣，於予寔有相焉。夫茲水也，來者如斯，可以觀道矣；止者如斯，可以觀政矣。其名池曰活水，堂曰有本。夫惟有本則活矣，可不務乎儀厥止政乃時平，無亦若梁之攸濟，武不可黷，於射觀德焉。以朝夕無忘茲亭。雖然，凡以息我爲者，昔之日雖欲樂此，如民病何。今之日雖欲弗樂，如民志何。乃合而名之曰後樂園，而寓書於鐸，告之故，且曰：子東巡，與子樂之。夫情不可以已也。而恒病於自私，樂在己者，憂在民矣，終以弗樂，憂在己者，樂在民矣，終以罔憂。是故君子以己憂民，不敢忘民以自樂。西亭蒞事逾年，殫心畢力，底綏四境，用能樂有此園也，抑范文正公有言「士當先天下之憂而憂，後天下之樂而樂」？夫憂未至，其誰先之……其必不徒樂也已矣。鐸不佞，尚樂爲天下道之。

○明魏校（1483～1543）《莊渠遺書》卷十三《與方時鳴》：今天下大勢，在高明固已了然於胸中矣，未審策將安出？國家責任，廟堂而已耳，臺諫而已耳。高明方任天下之重，固己先天下之憂而憂之，發大議，陳深謀，密贊廟堂，以濟當今之急，其餘忠言，非天下所繫安危者且置勿論，而尤以機事不密害成爲至戒。所謂密者，豈但臨事能勿漏泄而已哉！亦在平時充養深厚，鎮定安徐，人莫能窺其際。若悻悻而壯於頒，嘵嘵而咸其輔，則意未及露，眾譁然知之矣。高明以《易》名家，固不煩多言而喻也。自古濟大事者豈一心思所能獨運哉？京師四方豪傑所萃，高明既以體國爲心，謂宜廣諮博訪，屈己以求之，虛心以聽之，所期同舟共濟而已，則人孰不樂告也哉？高明其圖之。

○明陳塏（待考，約與王艮〔1483～1541〕同時）《後樂軒記》：君子之於天下也，有終身之憂焉。負重者以力巨勝，適遠者以慮危達。非力而任，匹雛百鈞。不慮而行，跬步千里。故君子負思其重，則必力之；適思其遠，則必慮之。吾其敢一旦已，故憂與終身。然則君子其何樂？曰：是君子所以樂也。君子非惡夫樂，不以樂爲先，故後之。君子非樂夫憂，不以憂爲後，故先之。文正曰：「士當先天下之憂而憂，後天下之樂而樂。」夫博施濟眾，

堯舜猶病。君之視斯世也，猶己病之也，安見其爲樂而樂之？後樂者先憂，先樂者後憂，君子憂斯之爲樂也。今夫坐廳事，據案以待，趨走唯諾，刑賞唯命，非君子之樂也。仰而君德，俯而民命，吾有責焉，吾樂乎祿，而無憂乎君，吾樂乎奉，而非憂乎民，謂之樂者否也。建一議，行一政，有繫乎上，下可適乎治，以行吾憂，內省不疚，飲食委蛇，禍福惟至，得無樂乎？其或狎彼朋私，睚眥讎怨，抗行孤獨，過爲竣刻，以頤欲快情，亦以惟樂之兢兢也，而不知理亦相伏，憂以隨之。故君子以樂爲後，天理之樂也，自憂而得也；小人以樂爲先，人欲之樂也，自憂而極也。侍御徐子芝南蒞鹽政於淮署，其行臺西圃之軒曰後樂，命塏爲之記。塏曰：子試優於子之堂，而後知樂於子之軒。夫子風紀之司也，負重矣，思以加名實於上下適遠矣。子志於聖賢之學，力之以大行於聖明之時，慮之以危，吾知子之有憂也，子得其所以樂乎？子試念之居子之堂，而苟有一之不憂也，則退居子之軒，而能樂乎？是子之軒、是子之堂之考也，然則名子之軒曰後樂，則亦可名子之堂曰先憂。徐子曰：吾其以是自考矣。記之石，且以俟後之觀風者。（《重修揚州府志》卷三〇。後樂軒即行臺西圃之軒，徐九皋名之曰「後樂」）

〇明邵經邦（1491～1565）《弘道錄》卷八《府一・仁・昆弟之仁》：范文正公告諸子曰：「吾貧時，與汝母養吾親。汝母躬執爨，而吾親其旨未嘗充也。今而得厚祿，欲以養親，親不在矣，汝母亦已早世。吾所最恨者，忍令若曹饗富貴之樂也。吾吳中宗族甚眾於吾，固有親疏。然吾祖宗視之，則均是子孫，固無親疏也。苟祖宗之意無親疏，則飢寒者，吾安得而不恤也。且自祖宗來積德百餘年，而始發於吾，得至大官。若獨饗富貴，而不恤宗族，異日何以見祖宗於地下，今何顏入家廟乎？」於是恩例俸賜常均於族人，盡以餘俸置附郭嘗稔之田千畝，號曰義田云。此文正未達之所志，與已達之所施。自書契以來，惟此公能擅其美。愚嘗推其所以然者，其說有四，一曰存心之公，二曰奕世之賢，三曰風俗之厚，四曰君德之隆。蓋自其爲秀才時，先天下之憂而憂，後天下之樂而樂。有此識見，而後能有此度量；此其存心之公一也。（《續道藏》本）

〇明姚虞（生卒年待考）《嶺海輿圖序》：豪傑之士守而勿替，措諸當世，往往有大過人者。先天下之憂而憂，有本者如是，苟亦徒法其曷以臻茲，總總黔首，孰非同胞？

【今按】姚虞，字宗舜，號澤山。事蹟具《明詩紀事》。

　　○明田汝成（1503～1557）《西湖遊覽志》卷二「孤山三堤勝蹟」條：萬曆四年，司禮孫公重修四礀，俱用石砌，上植桃柳，改建喜清閣，後塑文昌神像，極開爽明朗。玳瑁金椽，琉璃玉照，風響簷鈴，月移花影，見解之士清臨於上，恍然有羽化仙登之想。名人賽立匾額對聯極夥，皆取用唐時成語，甚至俗談俚語，亦大書於上。獨有推府贊皇胡來朝一聯「四季笙歌，尙有窮民悲夜月；六橋花柳，渾無隙地種桑麻」之句，不惟情懇句佳，且得先天下之憂而憂、後天下之樂而樂意。

　　○明王鶴（1516～？）《湖陰草堂序》曰：（嘉靖）天子二十五年（1546），予以行人奉使朝鮮，湖陰鄭大夫士龍以嗣王命迎於江上。其返也復充遠送使以行，次平壤，共濟大同江，覽山河之美，余爲嗟賞者久之。湖陰假譯者進曰：「大人其有意於山川乎？山川固士龍願也。龍世家宜寧，頗饒山水，有山名九龍，螺峙左右，下俯大江，名曰鼎津，凝注碧玉，澄徹可鑒，異樹奇花，遊魚啼鳥，無間於四時，固東南勝地也。龍嘗築屋其中，貯古圖畫琴書以爲休棲之所。乃緣國恩甚厚，思所以致身者未能，固未果於退也。」余聞而嘉之曰：「君子哉，湖陰大夫乎！不溺情於廊廟，而江湖其心，不先其身而急於國家，此古賢者立身行道之大節。大夫能之，是可以愧獨善而無義狥人而不知恥者也。聞大夫爲宰相矣，秉國鈞而總百官矣，況其國有新君，正更化以善治時也，大夫勉之！其以至誠格君心，以協恭率同寅，以靖共勵庶僚，以匯徵拔士類，以淳龐敦風俗，以精明起治功，從容談笑以成光明之業，然後以爵祿歸國家，以匡濟付後人，始休其身於九龍、鼎津之間，怡吾神入吾廬，展吾書而讀之曰：吾庶幾不媿於聖賢之道乎？上不負其君，下不負其民乎？鼓吾琴曰：庶幾樂虞舜之道解民之慍而不愧於南風乎？登吾山覽群峰之環峙曰：吾庶幾重厚不遷而無愧於仁乎？臨吾江鑒吾水曰：吾庶幾周流不滯而無惡於智乎？觀四時草木鳥獸麟介之自得曰：吾庶幾樂太和之元氣而萬物各得其所如此乎？是向之所以急於國家者，盡臣道；而今之所以優游者，頤天和也。昔人有言：『先天下之憂而憂，後天下之樂而樂。』大夫勉之！」譯者得予命以告，湖陰既致謝，且請名其齋。余曰：「其湖陰草堂乎！軒冕之士可以壯麗名，山林隱遁之士草堂其宜也。余家關中，有屋終南山麓，嘗自扁曰薇田草堂。蓋種薇以自給之意也。自叨天子恩，未能圖報萬一，不敢有閑暇之念，而亦豈能忘情於終南也哉！大夫之志與予同，其以是名之，何如？」譯者再復。湖陰敬再謝，遂大書其扁以歸。

○明李蓘（1531～1609）《春風閣記》：州東南隅土城上，宋范仲淹爲守時建，賦詩有「春風堂下紅香滿」之句。歷金、元來久廢。嘉靖丙辰（1556）歲，知州張仙訪遺址重建，李蓘（1531～1609）記曰：嘉靖乙卯（1555）歲，予請告歸，過鄧州，鄧守張公壁峰款予甚洽，已乃語曰：「鄧舊有春風閣，蓋宋范希文所建者，而今亡矣，予更爲之，以永公譽也。子其爲記之。」……一登賢而憂樂繫之，一憂樂之間，而設施拯濟之方皆可隨時相地而廣圖，使吾民涵育生遂，常若萬物之鼓於春風，發榮滋長，不可沮遏，以永有太平之樂，此希文所以制名之意也。希文先天下之憂而憂，後天下之樂而樂。其治鄧也有惠政，民懷之不忘，而後爲宋之名相，雖至於今，而斯閣之名猶炳炳未泯也。我張公之德政固將踵其懿矩，而率是行之，其衷之所以自待者，先憂後樂之志，謂肯獨遜於希文也哉？又焉知後之頌張公者不將曰：「此我之希文也。」如此，則春風閣之名再起，而相望於上下四五百年之間，不謂天下之盛舉耶？（《鄧州志》卷八《輿地志》）

○明高對（嘉靖年間人）《遊岳陽洞庭記》：余家食時，夢登方舟，正舉帆長往，忽驚濤怒浪，停泊柳港，遙見江城層樓，丹崖翠壁，臨大江之濱，少焉風恬浪靜，舟始安流，覺來莫知其端。嘉靖甲辰（1544），余麾南陽守，丙午（1546）謫鄭州判，戊申（1548）移巴陵，令舟由荊南順流而下洞庭，長江風作，維纜磯石，岳陽樓、君山俱在望，宛然昔年夢中景，乃歎曰：「余今日謫移，固前定矣。」蓋巴陵之勝，惟在洞庭一湖。按《禹貢》九江孔殷，即此湖水。沅、漸、元、辰、漵、酉、澧、資、湘皆匯流，洋溢互瀦，周回八百餘里，浩浩湯湯，一碧萬頃，月印之而著象，風遭之而成文，殆與芝城之彭蠡、姑蘇之震澤、金斗之巢焦、武林之西湖同一汪瀾也。夫洞庭固極三楚之勝，岳陽樓枕巴丘，瞰洞庭，延庚挹辛，縹緲崢嶸，巍乎大觀，不特君山咫尺擁浮湖面。南有祝融，北有內方，東有黃鵠，西有大龍，環列拱屹，皆在指顧間，殆與豫章之滕閣、宣城之迭嶂、武昌之黃鶴、黃岡之竹樓同一壯麗也。夫岳陽固據洞庭之勝，建始莫詳。宋顏延年、陰鏗詩尚可考。唐開元間，張說謫守是邦，登臨賦詩，自爾名重。觀其「誰念三千里，江潭一老翁」之句，則其懷抱可知矣。說子均、李、杜、韓、孟、白、賈諸名賢皆有題詠，樓與湖山名益重於世。宋慶曆間，滕子京亦謫於斯，作新厥樓，屬范希文爲記，所謂先天下之憂而憂，後天下之樂而樂者，其寓意深矣。昔柳宗元謫柳永，凡所經之處，皆以詞章品題，爲佳山水文，正公三代以上人物，

宗諒獲此嘉記，華此傑樓，更偉觀數重，迥出湖山外，豈止一丘一壑、一水一石云乎哉？當時以滕樓、范記、蘇書、邵篆爲「四絕」。（清吳秋士輯、汪立名校訂《天下名山記》，載《重刊道藏輯要》軫集）

○明彭大翼（1552～1643）《山堂肆考》卷一三五《諡法》：范仲淹，字希文，其先邠人，後徙蘇州。其所學必以忠孝爲本，所志則先天下之憂而憂，後天下之樂而樂。有所爲，必盡其方。曰：爲之自我，當如是，其成與否，有不在我者，雖聖賢不能必。故先儒論宋朝人物以仲淹爲第一。封汝南公，諡文正。四子：純祐、純仁、純禮、純粹。

○明嚴從簡（1559年進士）《殊域周諮錄》（1574年撰）卷一：怡吾神入吾廬，展吾書而讀之，曰：「吾庶幾不愧於聖賢之道乎？上不負其君，下不負其民乎？」鼓吾琴，曰：「庶幾樂虞舜之道解民之慍而不愧於南風乎？」登吾山覽群峰之環峙，曰：「吾庶幾重厚不遷而無愧於仁乎？」臨吾江鑒吾水，曰：「吾庶幾周流不滯而無惡於智乎？」觀四時草木鳥獸鱗介之自得，曰：「吾庶幾樂太和之元氣，而萬物各得其所如此乎？是向之所以急於國家者，盡臣道。而今之所以優游者，頤天和也。昔人有言：『先天下之憂而憂，後天下之樂而樂。』大夫勉之！」

○明郭良翰（1560～？）《續問奇類林》（明萬曆三十八年〔1610〕刻本）卷二七《辨姦佞》：元星吉任江西行臺御史，秦檜裔孫奪民田，群訟不決，公問秦檜何人，僚屬以姦臣對。公閱檜傳，大署其狀曰：「檜之誤國，千載有餘僇，矧茲遺胤，敢爲民害？盡斷其田於民。」明范從文，洪武間拜監察御史，忤旨下獄，論死。上觀獄案，見姓名籍貫，遽呼問曰：「汝非范文正後人乎？」對曰：「臣乃仲淹十二世孫也。」上默然，即命左右取帛五方來，御筆大書「先天下之憂而憂，後天下之樂而樂」二句賜之，諭曰：「免五次死。」嗚呼！檜之奸也，胡虜且有餘僇；文正之賢也，異代且有餘賞。誅奸雄於既死，顯忠良以如生，非千秋快事耶？

○明馮瑗（1572～1627）《經濟類編》卷二一《臣類二・相業》：范仲淹爲政忠厚，所至有恩，邠、慶二州之民與屬羌皆畫像立生祠，其卒也，哀號如父。呂中曰：先儒論本朝人物，以仲淹爲第一。觀其所學，必忠孝爲本。其所志則先天下之憂而憂，後天下之樂而樂。其有所爲，必盡其力，曰：「爲之自我者，當如是，其成與否，有不在我者，雖聖賢不能必。」此諸葛武侯不計成敗利鈍之誠心也。仁宗晚年欲大用之，而淹已即世，豈天未欲平治天下歟？

○南炳文等《輯校萬曆起居注》：萬曆三十二年（1604）二月，二十一日壬寅，大學士沈一貫、沈鯉、朱賡題：「竊照臣等待罪輔弼，股肱一體，不得不先天下之憂而憂，若使天下之憂已迫而後憂之，嗟其晚矣。敢以一言敬進。惟皇上俯擇臣等正月間上祈天永命一疏，所請雖多，而尤惓惓於惜才補官一節，以爲賢才用則眾心豫附，官職修則群囂消除，此尤機要中之機要，不可忽也。今乃考察既畢，而科道拾遺之本尚未蒙發，則汰黜之典未爲了結。大選在邇，而吏部推升之本尚未蒙發，則選用之事又多妨阻。大察之後，天下司道官缺至七十九員，知府缺至七十五員，而推補之本多未見俞，是使領袖群有司者無其人也。各差御史不遣之出巡，而留之都門，在都門則太有餘，在四方則太不足，是使綱紀群有司者無其人也。如此則賢才何由而用？官職何由而修？皆足以誤政事而名優虞，臣等安得不日夜悚懼？伏望皇上俯從部院之請，一通仕路，大肅政幾，庶令萬目改觀、而轉泰有日也。臣等不勝祈禱之至。謹題候旨。」

○明劉廷昶（待考）《後樂亭碑記》：天下惟會心者爲能樂，亦惟能樂者、先天下之憂而憂，後天下之樂而樂。故子輿氏云：「賢者而後樂此，不賢者雖有此不樂也。」信斯言也。必其仁風翔洽，而後樂與人同稱快也。惟我尹侯，來令愼邑，政成時暇，於吏隱堂前創建一亭，爲燕息地，名曰後樂亭，志逸也，亦以志勤而後逸也。是亭也，軒窗高敞，川澤迴環，蘭桂騰其芳，松竹蔭其秀，幽鳥時鳴，淵魚時躍，以視昔之塵蒙蛛絲、隅角黯闇者，太相徑庭矣。且有一葉扁舟，蕩漾乎灩澉於方塘之內，侯時與僚屬一二、潘劉諸君笑傲其間，陶情詩酒，寄興琴棋，更不知天之高也、地之下也。所謂賢者而後樂此，非耶？尹侯燕予於亭，乃屬予爲記。予曰：愼割汝之南部，蕞爾於淮水之陽。賦浩而縮，俗貧而侈，訟繁而僞，重以郵馹衝甚，應接無寧日。舉十四城號難治者，惟愼爲最。故宰此邑者，每每戴星出入，政務旁午，恒爲案牘所苦，奚暇有斯樂耶？今尹侯心慈政簡，吏治民安，遇事迎刃而解，是以內外晏然。日有餘暇，當構亭之際，天地效靈，一時而三瑞呈焉。聯瓜已異矣，枯木有向榮之枝，秀麥有兩歧之穗。休徵迭見，丕振家聲。誕生能敬文孫，庭訓有接武之慶，則斯亭也，誰不謂之瑞亭也哉！其可樂也大矣。即古稱單父之琴，河陽之花，亦無以逾此。予登是亭也，嘉主人之賢，又嘉主人之能樂，不覺喜談樂道如此。後來屬眺斯亭者，其亦賢尹侯之賢，樂尹侯之樂也與哉！尹侯諱應祥，號甫僑，古齊渤海人也。性行正直，政事寬平。

在皐皐治，在鄭鄭治，在鄼鄼治。今此治愲，薦剡在當道，口碑在行人，毋容余之喋喋也。是爲記之以垂不朽云。明萬曆四十八年（1620），歲次庚申季夏，典史葉元申立。

○《溫州府志》（天一閣藏明嘉靖刻本）卷二「姚溪」條：去城東五十里，出大羅山。東谷張少師《窮源記》云：「……予與諸生皆力疲，復就石偃息，睥睨宇宙之寬，而不知吾身之何在也。昏黑歸院，忽有悍吏誅求窮民，其一婦抱子，疾聲求援。予進諸生而語之曰：『今日之行樂矣，乃復見此，能無憂乎？范希文謂「士當先天下之憂而憂，後天下之樂而樂」，盍與汝輩思之。』諸生曰：『命之矣，可識之，以示弗忘。』遂籌燈書之。」

○明劉宗周（1578～1645）《人譜類記》卷下：范文正公少有大節，其於富貴、貧賤、毀譽、歡戚不一動其心，而慨然有志於天下。嘗自誦曰：「士當先天下之憂而憂，後天下之樂而樂。」

○明金聖歎（1608～1661）《天下才子必讀書》卷十五：范仲淹《岳陽樓記》中間悲喜二大段，只是借來翻出後文憂樂耳。不然，便是賦體矣。一肚皮聖賢心地、聖賢學問，發而爲才子文章。

○明黃宗羲（1610～1695）《宋元學案》卷三《高平學案·睢陽所傳》：初，先生以忤呂夷簡，放逐者數年。士大夫持二人曲直，交指爲朋黨。及陝西用兵，天子以先生士望所屬，超擢不次。及夷簡罷，召還，倚以爲治，中外想望其功業。而先生以天下爲己任，裁削幸濫，考核官吏，僥倖者不便，於是謗毀稍行，而朋黨之論浸聞上矣。會邊陲有警，先生復請行邊，乃以先生爲河東、陝西宣撫使。麟州新罹大寇，言者多請棄之，先生爲修故砦，招還流亡三千餘戶，蠲其稅。比去，攻者益急，先生亦自請罷，乃以爲資政殿學士、陝西四路宣撫使、知邠州。其在中書所施爲，亦稍稍沮罷。以疾請鄧州。進給事中，徙荊南，鄧人遮使者請留，先生亦願留鄧，許之。尋徙杭州，再遷戶部侍郎，徙青州。會病甚，請潁州，未至而卒，年六十四。贈兵部尚書，諡文正。既葬，帝親書其碑曰「褒賢之碑」。先生泛通六經，尤長於《易》，學者多從質問，爲執經講解亡所倦。並推其俸以食四方遊士，士多出其門下。嘗自誦其志曰：「先天下之憂而憂，後天下之樂而樂。」感論國事，時至泣下。一時士大夫矯厲尚風節，自先生倡之。史傳稱先生內剛外和，泛愛樂善。好施予，置義莊里中，以贍族人，里巷之人皆樂道其名字。死之日，聞者莫不歎息。所著《丹陽集》若干卷，《奏議》若干卷。

○明顧炎武（1613～1682）《顧亭林詩箋釋》卷二《范文正公祠》：「先朝亦復愁元昊，臣子何人似范公？已見干戈纏海內，尚留冠佩託江東。含霜晚穗遺田里，噪日寒禽古廟中。吾欲與公籌大事，到今憂樂恐無窮。」王冀民釋「憂樂無窮」：范仲淹《岳陽樓記》：「不以物喜，不以己悲。居廟堂之高則憂其民，處江湖之遠則憂其君，是進亦憂，退亦憂，然則何時而樂耶？其必曰：先天下之憂而憂，後天下之樂而樂歟！」

○清魏裔介（1616～1686）《兼濟堂文集》卷八《庚戌科會試錄前序》：康熙九年，歲在庚戌春，復當會試天下士。時上命臣裔介、臣鼎孳、臣清、臣逢吉典厥試事，率同考官十有八人，賜宴於儀部，乃入棘闈鎖院。……今多士既已通籍金閨，則因文以自見其心者，復因文以自考其心，守其篤信之志，不變生平之塞，砥行礪名，於此當益兢兢也。自宰輔以至郡邑，孰非表見學問之職？自畿甸以至要荒，孰非膏澤蒼生之地？自筮仕以至懸車，孰非夙夜匪懈之時？寧正言匡時，勿曲學阿世；寧為通達時務之儒，勿為迂闊無用之學；寧為正直忠厚以養和平之福，勿為儇薄佻巧以開刻薄之端。昔人有畏四知而不取暮夜之金者，有晝之所為每夜焚香告天者，有先天下之憂而憂、後天下之樂而樂者，奈之何文行不相顧，而自甘於純盜虛聲也。總之，有真心乃有真品，有真德乃有真業，即皋、夔、旦、奭，人皆可為，何論夫賈、董、姚、宋、韓、范之儔乎？不然，是多士自違其言也，是多士自螯其文也，是多士執贄者一心而策名者又一心也，有負聖天子作人之意，臣等滋懼矣。多士可不勉哉！忠信誠敬，勿二勿三，為上為德，為下為民，古名臣行己持身之善物也。以是而無愧賓興，無慚敷奏，則臣等矢公矢慎之一心，可以與多士相終始，而拜手稽首揚言，庶可藉以對揚聖天子之休命也已。

○清李顒（1627～1705）《二曲集》卷十九《題社倉》：康熙庚戌季冬朔，毘陵駱郡伯迒予至郡，話及地方人物，首以吳子瀋長為言，且曰：「卓絕之識，諳練之才，肝膽氣誼，加人數等。性最慈，腸最熱，急人之急甚於己。苟可以濟人利物，輒挺身以赴，即冒嫌招謗，亦將有所不恤。緣是，信者半，疑者亦半。吳子則超然自得，略無介懷。蓋奇偉磊落，人中之傑也。」既而以其所著宗祠、賑荒等款示予曰：「此即其人所嘗為政於家，為惠於鄉者也。」予閱之，躍然以喜，遂擊節太息，曰：吳中乃有斯人乎！以康濟為心，以生靈為念，處庠校而志切當世，先天下之憂而憂，自希文以來，不多見也！是不可不一見，亟物色之。賢士大夫如高匯旃諸公，亦眾口同辭，交相推美。乃於次月既望，獲見於郡南之龍興寺。

○清李顒（1627～1705）《二曲集》卷二○《吳義士傳》：李子曰：吳義士，天下義士也。天性仁慈，視人猶己，其行義懇惻肫摯，惻瘝在念，語稱「仁者，以天地萬物爲一體」，「士當先天下之憂而憂」，今於義士見之矣。雖嘗問道於盲，忘年師余，而其爲人，實余心師。迄今每一念及，未嘗不私竊歎服，爽然自失。噫！論篤易與，實行難得；義士實行若斯，而倏已作古。難得者，得而復失，痛何可言！故次其概，以志餘痛。

○《世祖章皇帝實錄（《順治實錄》）卷七一：掌河南道監察御史朱鼎延奏言：「自古帝王致治，先天下之憂而憂，後天下之樂而樂。邇來災異迭見，水旱頻仍，民窮財盡，尤不可不深憂而熟計者。如黃屋細旃，所以壯皇居也；而民乃有棲身無所、風雨不蔽者。願皇上居深宮而念民流離之苦。珍羞肥甘，所以適口也；而民乃有半菽不飽、枵腹堪憐者。願皇上一舉箸而思民供納之艱。貂裘錦繡，所以適體也；而民乃有百結而嗟無衣者。願皇上一服御而念民捉襟露肘、冒凍號寒之況。又有請者。滿官左右御前，時領聖諭。祈自茲以後，俾漢臣亦得隨班啓奏。皇上臨御之暇，詢民生利病，商政事得失，於泰交盛治，未必無小補也。」疏入，上是其言。

○《世宗憲皇帝實錄》（《雍正實錄》）卷十七：大學士等奏言：「皇上至誠至敬，感協天心，甘雨應時，隨禱立應，合辭稱賀。」得旨：「誠敬二字，朕之所勉。朕能先天下之憂而憂，諸卿必後天下之樂而樂也。期卿等共勉之。」

○《高宗純皇帝實錄》（《乾隆實錄》）卷一七○六：直講官德保、嵇璜進講《論語》「先之勞之請益曰無倦」三句。講畢，上宣御論曰：「此夫子爲子路言先之勞之者，似爲有司親民者而發。而人君爲政之道，亦實不外乎此。蓋君與臣，其職不同，而爲民爲政則同。先之以孝悌，固君臣所應同者。至於循阡陌，勸農桑，乃臣之事，而非君所宜親者，然則君可以不勞乎？朝乾夕惕，宵衣旰食，又何以云乎？是則君有君之勞，臣有臣之勞。臣之勞，即所謂循行勸課，勞其身之事也。至於君之勞，則所謂敬天勤民，敕幾求賢，先天下之憂而憂，其勞蓋有不可勝言者，而皆勞其心之事也。設厭其勞而圖逸，雖不乏一日之樂，而將貽百世之害。是則夫子一言，而具萬世君臣爲政之大要。若夫無倦，則益申乾象天行不息之義，與公旦無逸之訓相發明。非徒爲子路好勇，而戒其不能持久而已也。」

○清高宗《御製日知薈說》卷一：大臣者，坐而論道，啓心沃心，以國家之安危、生民之利病爲念，而不屑屑於小廉曲謹。所謂先天下之憂而憂，

而其憂之也，必有安民之實政；後天下之樂而樂，而其樂之也，必有保治之籲謨。故廉非人臣之極詣。《周禮》六事，廉爲本原，以考小臣耳。大臣未有不廉，而未嘗以廉責之。蓋以廉不足盡大臣之分，而進思退思之際，必更有垂紳正笏，不動聲色，而措天下於泰山之安者。不然，小臣尚以廉爲本，豈大臣而可簠簋不飭哉？

○《御定淵鑒類函》卷二八○《人部三十九‧節操五》：增碑：宋歐陽修撰《范文正碑》曰：公少有大節，於富貴、貧賤、毀譽、歡戚不一動其心，而慨然有志於天下。常自誦曰：「士當先天下之憂而憂，後天下之樂而樂也。」其事上遇人，一以自信，不擇利害爲趨舍。其所有爲，必盡其力，曰：「爲之自我者當如是。其成與否，有不在我者，雖聖賢不能必，吾豈苟哉？」

○《佩文韻府》卷一○四‧入聲十五‧合韻：范文正公《岳陽樓記》有云：「先天下之憂而憂，後天下之樂而樂。」其後，東坡行忠宣公辭免批答，竟用此語。

○清葉方藹（1629～1682）、張英（1637～1708）監修、韓菼（1637～1704）編纂《御定孝經衍義》卷八九《卿大夫之孝‧德行》：仲淹少有大節，其於富貴、貧賤、毀譽、歡戚不一動其心，而慨然有志於天下。嘗自誦曰：「士當先天下之憂而憂，後天下之樂而樂也。」

○清田從典（1651～1728）《賜書樓嶍山集》卷五《悚動其心，堅忍其性，仁義禮智非外鑠我也。念哉！贈范大司馬》：先天下之憂而憂，後天下之樂而樂，文正家風伊邇；以責人之心責己，以恕己之心恕人，忠宣懿範猶存。

○清狄億（1664～1728）《孝廉勉齋駱先生傳》：勉齋先生者，唐初賓王後裔，句邑鄉飲賓盤如駱公季子也。其先世自義烏遷吳，復自吳遷句曲，數傳至鄉飲公，行義文章稱善鄉國。勉齋生而岐嶷，得所學於張公鹿床，名冠諸生右。居嘗悒悒，同列多怪之，勉齋喟然歎曰：「先天下之憂而憂，後天下之樂而樂，文正公爲秀才時志此。士既讀書懷古，奈何猥瑣齷齪，徒事呫嗶之末務乎？」因屏絕世事，鍵關長千半峰僧舍，取古今聖賢之富，寢食之。學成，應丁卯（1687）鄉試，受知於侍講米紫來師。同列者六十三人，億亦與焉，遂得晤於金陵邸舍。其雄俊閎辨之概，迄今數十餘年，猶栩栩在目也。戊辰（1688）春，公交車北上，時過寓舍，爲歡極厚。當是時，文華殿學士太倉王公爲侍講，太和殿學士華亭王公爲司徒，武英殿學士崑山徐公爲中丞。三公者，當世偉人。徐公尤摻知人鑒，海內名士無不趨走其左右，一經品題，

遂足摩九霄，俯四海，誇耀於後人。余與勉齋以通家子弟例得進謁，勉齋極蒙賞識，退就子弟列，處之淡如也。蓋其學問之所從來遠矣，就試歸，益勵志經世之學，陶情詩賦，與余酬答往來者有年歲。（《續纂句容縣志》卷十八下）

○清蔣溥（1708～1761）、劉統勳（1698～1773）《御覽經史講義》卷二一《禮記》：民爲邦本，而食爲民天。古有云：「終歲不製衣則寒，一日不再食則饑。飢寒交迫於身，而尚能無爲非者蓋寡。」《孟子》曰：「無恆產而有恆心者，惟士爲能。」故王者誠欲惠安元元，必先天下之憂而憂，後天下之樂而樂，則非有以經治其所重不可。夫自古人君亦何嘗不以民食爲重，而汲汲於足民，第不深察乎民足之所自來，而徒爲一時之補救。（下略）

○清梁國治（1723～1786）《欽定國子監志》卷五九《藝文三・論著附元國子學》：侯每以范文正期國學諸生，澄聞而愧，輒面赤汗下，夫文正之爲文正無他，亦曰「先天下之憂而憂，後天下之樂而樂」耳。嗚呼！安得人人不負侯之所期者哉！侯名馴，字致道，濟南鄒平人。將歸其鄉，故著侯之所以有績於廟學者爲頌。至大四年三月朔，國子監丞吳澄序。

○清崔巒（嘉慶年間人）《重修極樂庵碑記》：城北關外道西有庵名「極樂」。明萬曆四十五年，邑人李天吉創建，像白衣而祀之，名口「白衣庵」。至康熙八年，少府張公星柳遷白衣於左，祀佛像於正中，右配以靈通，其南爲韋陀殿，而中分之面南向外則像如來，庵中祀神五尊，皆釋氏所崇奉者，自是改白衣庵爲極樂庵。昔范文正公有言「先天下之憂而憂，後天下之樂而樂」，極樂之云蓋有自也。張公改修後，至今百十三有餘年矣，中間不無補葺，而年深日久，風雨剝蝕，雕楹刻桷，漸及朽蠹，蓋瓦級磚，漸及傾頹，丹艧金碧，漸及凋落而漫漶。

【今按】勒石於清嘉慶八年（1803）。碑文記述極樂庵創建及嘉慶七年（1802）知縣戚公重修之事。崔巒撰文。錄自民國版《沁源縣志・碑碣考》。

○清黃永年（待考）《范仲淹論》：仲淹出而始勵廉隅，振名節，其取捨辭受，進退出處，斷然有所不苟。世俗所謂寵辱毀譽得失死生禍福利害，浩然一無足動其意，天下之士聞范公之行，惕然始知有恥，而爭趨於名義之重，宋之風俗爲之一變。非其氣之清明剛大，烏能興之。其自秀才時，即以天下爲己任，飲食寤寐惓惓皆經世澤物之心。其學自兵刑、錢穀、水泉、農政、職官、邊陲、險塞無所不周，一旦出而用之也，皆取諸懷而素具。始在憂中

遺執政書，極論天下事。他日為政，皆不易其說。故其言曰：「先天下之憂而
憂，後天下之樂而樂。」其言然，其行亦然，非所謂大丈夫之事與？眞、仁
之世，賢相多矣。然功存於廟社，澤及於一時，若夫功在名教，道師百世，
使天下聞風，頑廉懦立，則惟公一人而已。光嶽氣偏，士風攸墮，下者懷溫
飽，上者希名位，詩書用為竿牘，道義假為清談。後先相師，輪蹄一軌。古大
人豪傑之志事，久絕於斯人之夢寐，宜乎齷齪萎瑣頹敗而俱無睹也。儒者之言
曰：「立志以帥氣。」夫氣也何以必待於帥之哉？世之隱足以賊吾氣者甚眾，而
人之生也，資非大賢清明之氣，受於天者無多。入世以後，污濁橫流，浸漬衍
溢，不能固存其清明之體，則日漸隨波逐潦，沒身而已，安望其能自樹立也？
吾故因論范公之人而及此，士之有志者可以省矣。（《皇朝經世文編》卷十四
治體八）

　　○清程含章（？～1832）《嶺南集・與所屬牧令書》：惟冀諸君與余同心，
以民事為己事。凡有應修堤堰、應開陂塘之處，董率士民，勉力為之，並上
其事於余。余皆捐廉為倡，暇則親往督之，以代諸君之勞，一馬一夫，一茶
一飯，不以累諸君。果其著有成效，他日荷鍤成雲，決渠降雨，諸君將與召
父杜母並傳不朽，余亦得藉以稍塞吾責，豈不美歟？抑余更有屬者。昔伊尹
為政，一夫不獲，則曰時予之辜。范文正公有言：「先天下之憂而憂，後天下
之樂而樂。」諸君其有見於此乎？此意得也，則於興修水利何難之有？否則，
與其擾民，毋寧寧民。其毋以余為斂怨府也，則幸甚！（賀長齡、魏源《皇
朝經世文編》卷三八・戶政十三・農政下）

　　○清朱應鎬（同光年間人）《楹聯新話》卷一：《萍龕掌錄》載熊文端相國
賜履集句聯云：「老吾老以及人老，幼吾幼以及人幼，老幼在宥；先天下之憂而
憂，後天下之樂而樂，憂樂與同。」上足以徵乾惕之功，下足以見胞與之量。

　　○光緒十六年重刻本《花縣志》卷三：畢汝濟，字川子，花縣畢村人。
年二十餘，充南海弟子員，孝事二親，飲食必親進，居喪哀毀過節，遇祭日
輒悲傷不能成禮。八十初度，子孫親朋欲製錦梨，歌以祝濟。曰：吾未能以此
奉親，深自愧悔，安忍受此？拒不允。性重義好施。娶盧氏，賢而不壽，矢志
不立繼室。宗族有貧難者，歲咸捐助。嘗讀書，見范文正公「先天下之憂而
憂，後天下之樂而樂」，即掩卷歎曰：「人生若不得以此待天下，亦當以此處
鄉閭。」故族有患難不平，必維持調護，報謝一無所取。事無大小，人皆就而
請剖焉。晚號巨庵。所著有《毛詩庭課》、《畢氏家訓》等書。終年八十五。

　　○清田秋（待考）《古伴柳亭續集》卷六《爲天下得人難》（丙午考廉）：
得人關乎天下，故視與天下爲難也。夫得人難，爲天下得人則其難之至者。
聖人之仁，其是之謂乎？嘗聞先難後獲，此言仁者爲己之心也，而不知仁者
爲人之心，爲人人之心。則並不言獲，而獨見爲難，非終無所獲也。所獲既
爲天下，而獲斯所難乃爲天下而難，蓋其量其心，伊古以來有可想見者耳。
不然，難莫難於以天下與人，而吾顧謂其易者，何哉？則以以天下與人在得
人之後，而不在得人之先也。夫然而爲天下得人之所以謂仁者，其故可思矣。
重華協而元德升，不難舉大寶以命之，百官以率之。而當有鰥在下，自側陋
以迄觀型，有不勝再三籌度者，至今猶如見其心。總朕師而選於眾，不難援
執中以授之，大任以委之。而當岳牧盈廷，諮治水而俾作士，有不覺幾費躊
躇者，終古皆無負其量。何也？爲天下得人故難也，故視以天下與人爲難也。
先天下之憂而憂，得人而曰天下將得其人；而天下受其福；不得其人，而天
下被其禍。禍福繫乎天下，此其艱巨爲何等也？試觀一事一物，欲擇一人以
使之，猶不肯偶有所疏忽，況其爲天下乎？高居法宮而蒼生在抱，其運量爲
獨周矣。先天下之憂爲己憂，得人而曰爲天下將〔得其人〕。天下受福也，由
己受之；天下被禍也，由己被之。禍福繫乎天下，而實繫乎一己，此其鄭重
當何如也？試思一官一邑，欲擇一人以界之，猶不敢稍有所任情，況其爲天
下得人乎？意深胞與而結契隱微，其存心爲獨摯矣，是非驟爲其難也，格致
誠正而後，明德新民，此學久基於夙夜。曾任天下之重，復以天下之重任諸
人，而謂掉以輕心，仁者豈能若是之忍？且更非好爲其難也，憂勤惕厲之中，
飲食教誨，此責難謝於寰區。曾以天下之重任諸人，而吾爲任人之人，而謂
弗由性量，仁者何敢若是之私？《書》不云乎：「知人則哲，惟帝其難之。」
惟其仁，故有是憂；惟憂，故難也。而何百畝不易之足云？
　　○清陳珪（待考）《勸農文》（代）：海濱將成周魯，何誇五袴之歌。此皆
吾牧民者之先憂，實爾力本者之自盡也。第法度難於卒舉，姑致辭於蒞任之
初，且治效恥於小康，庸拭目於觀成之後，用伸吾先天下之憂而憂之心，不
負吾後天下之樂而樂之志，勿謂寇公不可借也。當知召父尚有作乎？（《光緒
化州志·藝文略志》）
　　○清徐沅（1880～？）《清秘述聞再續》卷一：題「漢武帝詔州郡察吏民茂
材異等論」，「趙充國屯田湟中論」，「開元二十九年立賑饑法論」，「士當先天下
之憂而憂後天下之樂而樂」，「潘季馴治河以借水沖沙築堤束水爲河漕兼利論」。

○《清史稿》卷四○三《勝保傳》：咸豐二年（1852），因天變上疏論時政，言甚切直，略謂：「廣西賊勢猖獗，廣東、湖南皆可憂。賽尚阿督師無功，請明賞罰以振紀綱。河決不治河員之罪，刑輕盜風日熾，應明敕法以肅典常。臣工奏摺多留中，恐滋流弊。一切事務，朱批多而諭旨少。市井細民，時或私論聖德。」疏入，下樞臣傳問疏末兩端，令直言無隱。覆奏曰：「朱批因事垂訓，臣工奉到遵行，他人不與聞，非若諭旨頒示天下。近日諸臣條奏雖依議，而原奏之人不知；交部重案，覆奏依議，外人並不知作何發落。古者象魏懸書，俾眾屬目。似宜通行宣示，以昭朝廷之令甲，而杜胥吏之蔽欺。至愚賤私議，或謂皇上勵精之心不如初政，或謂勤儉之德不及先皇。今遊觀之所，煥然一新。釋服之後，必將有適性陶情之事，現在內府已有採辦梨園服飾以備進御者。夫鼓樂田獵，何損聖德。然自古帝王必先天下之憂而憂，後天下之樂而樂。《書》曰：『無於水監，當於民監。』誠不可不察也。」文宗不懌，明諭指駁，以其意存諷諫，不之罪也。尋因自行撤回封奏，降四品京堂。

○清宗稷辰（1792～1867）《深慮篇》：古之聖人，大抵皆善憂者也，故常先天下之憂而憂。在書曰思、曰謨、曰惟；在易曰惕、曰恐；在禮曰慮。大學言：「安而後能慮，慮而後能得。」後之君相，苟欲平治天下，捨慮將何從哉？孔子謂：「人無遠慮，必有近憂。」孟子謂：「孤臣孽子，其慮患深，是以能達。」又曰：「困於心，衡於慮，而後作。」蓋天下事，其常易知，其變難知，非慮之深者，不足以窮萬事萬物之變也。一代之興，莫不有所懲戒，而為之改更。乃所改更者，始若邁前跡而見功，久之偏尚浸成，莫能轉移，以就世變，往往失在所懲之外，於是惜始計之未周，晚矣。累朝之相繼，莫不各有所炯照，而為之制防。乃所制防者，初若過前人而甚察，久之旁落滋失，遂致積重，而生世變，往往至於欲制而不能，於是悔始見之未密，抑又晚矣。是故仁勝則易弱，義勝則易暴，文勝則易偽，質勝則易陋，法勝則易怨，言勝則易爭，威勝則易驕，計勝則易刻。不惟是也，即尊親之間，骨肉之際，頒予之分，晉接之儀，恩澤之數，倚任之等，一有所過，而毫釐之謬不繩，微忽之失已伏，近或患作於數年之後，遠或禍成於數十年之間，皆由平時不為深慮，浸尋至於此。甚矣！慮之關乎天下也，豈不大哉？昔者，周公相成王，朝夕納誨，以輔王德，老成之憂，動關千百年。成王非不聖哲也，而公之慮之者，惟恐主術稍疏，則隱中於性情，而流失在家國。想其時一嚬

笑必曰無戲，一動止必曰無逸，一措施必曰無偏頗，任仁君哲后無一事不合乎天理，而賢宰執必以大失德之事爲之儆戒，而諮嗟惟善慮也。然則人主一日不可不矢以小心，人臣一日不可少忘夫責難，若堂陛之前，聞都俞而不聞籲咈，有將順而無所匡救，是直導君以無憂矣，又何望其有深慮也耶？（《清儒學案》卷二〇三《諸儒學案九》）

〇清俞樾（1821～1907）《茶香室叢鈔》卷八「岳陽樓記」條引《齊東野語》：東城行忠宣公辭免，批答云：「吾聞之乃烈考曰：『君子先天下之憂而憂，後天下之樂而樂。』雖聖人復起，不易斯言。」則竟以此二語用入王言，忠宣上遺表亦用之云。蓋嘗先天下之憂，期不負聖人之學，此先臣所以教子，而微臣所以事君。

〇清范承先（生平不詳，曾任知縣）《修治堂記》：海內奠安，人心悅服，禮讓興頑囂革，而猶孜孜求治。簡選人才，雖一命以上，靡不戒謹，期於稱職，於是要荒甸服，皆稽首臣廷，而山澤不軌之民皆已歸降。是年冬，余歷楚別駕，遷皋邑令。余諸父太師公貽書曰：新天子御皇極殿，問諸輔佐大臣治道何先，其切於民者有幾。於是臣工咸稽首頌聖云：古者致治之盛衰，視生民之安否。民猶水也，水能載舟，亦能覆舟。《書》曰：「一人有慶，兆民賴之。」天下之有君有相，猶之邑有令，府有守，省有中丞節使。天下之視君相，猶府縣之視守令、節使中丞，小大雖殊，其本則一。此興政布教之原，盛衰所由始也。清興蓋二十年而後，京畿十四省之民始克安堵，然而水旱時至，未免聖躬宵旰之勞，豈非盛美之難，須遲久而後至與？是以牧民之命，來任茲邑，去深文，務寬厚，戰兢朝夕，事有未便者固不為，即有便宜者必反覆思維，顧民力何如而後爲。至之日，修城堡，則爲之。明歲賑濟，則爲之轉輸。在里病民，今更在官，則爲之。今年乙巳夏雨，治堂壞，知事不得已，乃鳩工庀材，量舊規之高下廣隘，更作一新，適歲有民亦樂爲，佐以俸幣，不督促，不煩瑣奢儉，酌可一諮於鄉士大夫。冬十一月戊子，工成，越旬日冬至，余登是堂，士大夫率耆老眾庶相與歡忭，舉酒見賀，兼命余爲記。余固辭不獲，因爲言曰：治之有是堂，則任之重，責之艱，而家而國而天下，亦猶是也。其經營忖度以成是堂，猶法令告教以成是政也。柱礎之勝棟樑，壁門之蔽風雨，猶農桑之供蓄息，甲騎之捍災患也，而階而級而堂，猶百工胥史以至左右吏丞也。材之頑者，工斲之而爲美；甓之廢者，工累之而成用。猶民之奸者，遷而爲良，頑者化而爲善也。塗畫丹堊，焜煌四矚，猶在上之

錦衣繡裳，車騎列從也，而工必加修，勿使敗壞，猶在上之時，懷乾惕，毋損厥德也。至於工用既成，坐者歌，行者頌，至數十世，刻石立碑，皆曰某人之績猶在上之閥閱勳勞名書史策久而不泯也。緣是而感於先文正之言曰「先天下之憂而憂，後天下之樂而樂」者，亦如是爾。余不敏，不敢語於斯列，因鄉士大夫之請也，書以告後之居者。是爲記。（成文出版社影光緒刻本《通州直隸州志》卷三）

○錢穆（1895～1990）《中國近三百年學術史》第一章《引論・上：兩宋學術》：安定同時有范仲淹希文，即聘安定爲蘇州教授者。泰山孫明復亦希文在睢陽掌學時所激厲索遊孫秀才也。安定、泰山、徂徠三人，既先後遊希文門，而江西李泰伯，希文知潤縣，亦羅致教授郡學，朱子記李延平語，謂「李泰伯門議論，只說貴王賤霸」者也。而希文在陝，橫渠張子以兵書來見，希文授以《中庸》，曰：「儒者自有名教，何事於兵？」時橫渠則年十八矣。希文固以秀才時，即慨然有志於天下，嘗自稱曰：「士當先天下之憂而憂，後天下之樂而樂。」歐陽修稱之，謂范仲淹「初以忠言讜論聞於中外，天下賢士爭相稱慕」。王安石之於希文，亦推之爲一世之師。蓋自朝廷之有高平，學校之有安定，而宋學規模遂建。後人以陳隍爲宋學開山，或乃上推之於陳摶，皆非宋儒淵源之眞也。

○李積厚（待考）《李氏家訓》：「先天下之憂而憂，銘刻肺腑不可否。維者有四奠邦策，道義必需忠恕久。德行端正人自立，世態寒炎君子羞。澤家澤民澤天下，在人在心存仁厚。詩農家聲輩輩傳，書得庭訓代代留。」按：李積厚以《李氏家訓》的每句首字爲取名序列，意在告誡後人不可忘記《家訓》。《家訓》開宗明義，「先天下之憂而憂」，要有「以天下爲己任」的雄心壯志，博大胸懷和「樂以天下，憂以天下」（《孟子・梁惠王下》）的「天下觀」；以道義爲本，德行端正，自立於世；要把「四維」（禮、義、廉、恥）貫徹始終（儒家把禮、義，廉、恥稱之「四維」。「維」，卻網之綱，《管子・牧民》；四維張，則國令行；四維不張，國乃滅亡）；要把澤家、澤民、澤天下（修身、齊家、治國、平天下）統一起來。欲達此目的，必讀聖賢書，勤勞礪其志，亦讀亦農，世代相傳。（山東煙台海陽《城北村志》第三章，第16頁）

○蔡振紳（1930年編）《八德須知》義篇第十六「仲淹義田」條：宋范仲淹、平生好施與。擇其親而貧。疏而賢者。咸施之。方貴顯時。置負郭常稔之田千畝。號曰義田。以養濟群族之人。日有食。歲有衣。嫁娶喪葬皆有贍。

擇族之長而賢者主其計。而時其出納焉。公少孤貧。以天下爲己任。嘗曰士當先天下之憂而憂。後天下之樂而樂。每感激論事。奮不顧身。一時士大夫矯厲尚風節。爲政仁厚。所至有恩。民皆畫像立生祠。義田之置。只以贍族。然已無人能及。

○葛渭君（1938～）《詞話叢編補編・歷代詞人考略卷九》:《金粟詞話》:「范希文《蘇幕遮》一調,前段多入麗語,後段純寫柔情,遂成絕唱。」按:范文正《蘇幕遮》詞,《詞苑》第稱其情語入妙,殆猶未窺文正於微也。文正一生並非懷土之士,所爲「鄉魂旅思」以及「愁腸思淚」等語,似沾沾作兒女想,何也？觀前闋可以想其寄託。開首四句,不過借秋色蒼茫以隱抒其憂國之意。「山映斜陽」三句,隱隱見世道不甚清明,而小人更爲得意之象。芳草喻小人,唐人已多用之。後段則因心之憂愁不自聊賴,始動其鄉魂旅思,而夢不安枕,酒皆化淚矣。其實憂愁非爲思家也。文正當宋仁宗之時,揚歷中外,身肩一國之安危,雖其時不無小人,究係隆盛之日,而文正乃憂愁若此,此其所以「先天下之憂而憂」乎？即《漁家傲》後段「燕然未勒」句,亦復悲憤鬱勃,「窮塞主」安得有之。

章太炎題跋四則（外二則）

陳先行、郭立暄編著的《上海圖書館善本題跋輯錄》（上海辭書出版社 2017 年版）收入太炎先生題跋四則，前所未見，特爲錄出，以饗章學之友。

皇明資治通紀三十卷　明陳建撰　明岳元聲訂　明末刻本　章炳麟跋

日本翻刻本序後有「嘉靖歲在乙卯仲夏之吉，東莞清瀾居士臣陳建拜手稽首謹書」，此已截去。乙卯爲嘉靖三十四年，且序亦云起洪武，迄正德，無嘉靖、隆慶兩朝事也。日本本乃李卓吾評點者，《世宗紀》爲袁黃所續，《穆宗紀》爲卜大有所續。此乃岳元聲所訂補，故其文不同。民國十三年五月，章炳麟書。（第 142 頁）

萬曆三大征考三卷附東夷考略一卷東事答問一卷　明茅瑞徵撰　明天啓刻本　章炳麟跋

《明史·藝文志》「茅瑞徵《萬曆三大征考》五卷」，「茅瑞徵《象胥錄》八卷」，獨不載《東夷考略》，蓋諱之也。三百年後復出人間，而清太祖倡亂事悉可考見，洵乎希世之寶也。民國十三年夏，因草《清建國別記》，從南洋中學假得是書，披覽七日，因記之。章炳麟。（第 166～167 頁）

惠氏四世傳經圖一卷　清惠世德摹　稿本　章炳麟跋

定宇先生一代經師，初謂家學衹起其祖。今印泉得其家畫像傳贊，乃知定宇曾祖樸庵先生已兆經學之先，且平生志行尤高，乃與俟齋相似。研溪先生亦嘗從俟齋遊，故其家非徒以經術著，而節行亦有居人之先者，比於浮丘伯、高堂生等，夫何愧哉？印泉近訪惠氏墓兩次，皆不得蹤跡，最後從惠氏裔孫而溶得此像贊並其家譜系，於是知四世丘隴所在，發潛闡幽之思至是始遂，亦大快事也。民國十五年八月，章炳麟記。（第 188 頁）

葉爾羌紀程不分卷　清倭仁撰稿本　章炳麟、汪東跋

滿洲某幫辦筆記，自燕都至葉爾羌程途頗詳，亦能考證地望，傭中佼佼者也。今爲蒲圻但植之所得云。癸亥季秋，章炳麟記。

考得記中有「少子福裕」，知記者爲倭仁。甲子春，炳麟又記。

倭文端爲滿洲理學名臣，此爲其赴葉爾羌幫辦任紀程之作，付其少子福裕者。福裕殉庚子難，此冊流落廠肆，爲植之所得，足資留心邊疆地理者之參證。余曾借刊《華國》雜誌，題爲《燕葉紀程》者是也。越歲，植之屬識其端云爾。汪東。（第 259 頁）

〔附錄〕章門弟子題跋二則

茗齋詩十八卷　清彭孫貽撰　朱希祖跋

《茗齋詩初集》跋　《茗齋詩初集》一卷，吾鄉彭孝介先生孫貽撰，嘉慶十四年同里張春溪先生刊於河池官舍，前有康熙丁未孝介自序，云始自丁卯，終於丁丑，凡得若干首。丁未爲康熙六年，則丁卯天啓七年，丁丑爲崇禎十年，皆爲孝介在明代少作。余於鄉先輩詩最服膺孝介，惜其全集未有刊本。嘗於《明詩綜》《檇李詩繫》《明人詩鈔》《兩浙輶軒錄》《明詩紀事》以及《嘉興府志》《海鹽縣志》《乍浦九山補志》《涉園雜詠》等書中集錄百十一有餘首，以備諷詠，所謂存十一於千百耳。族祖笠亭先生《明人詩鈔》稱孝介著書十數種，「詩文集數十卷，詩最多，古今體積萬首。亂後不自收拾，往往散在人間。《百花詩》已刊行。陳丈世佶刻《鹽邑藝文續編》，存先生詩五百七十七首。余於親串中搜訪先生詩稿，合之所藏者得數千首，讀之諸體皆擅場」云云，然則乾隆時孝介詩尚存數千首，藏於吾族。且笠亭先生從子松堂先生諱鍾赤，乾隆辛卯舉人，別藏《茗齋詩初集》稿本一卷，後即贈於春溪先生付之剞劂者。余於今年春在京師得此刊本，合之去年所得別下齋本《茗齋詞》二卷、今年所抄《百花詩》一卷，稍稍富於舊錄矣。聞張菊生先生藏有《彭羿仁先生詩集》抄本一冊，平湖葛嗣蔚先生亦藏有抄本。兩家所藏頗多不同，合之未知有若干首，殊深嚮慕。近菊生先生來書，欲繼其族祖春溪先生之志，景刊《茗齋詩初集》，商借余所藏本。余謂此書本朱氏所藏而張氏刊之，今又爲朱氏所藏而張氏刊之，亦可咸一佳話，即以奉贈菊生先生，此亦吾族祖松堂先生之遺志也。惟願菊生先生刊是集後，能輯合茗齋詩詞全集刊之，又輯各家所藏孝介著述十餘種，匯爲《茗齋遺書》刊之，是不特可慰

區區嚮慕之私，即春溪先生跋語所稱「續刊全集，以此爲息壤之盟」者，亦可竟其初志矣。中華民國十三年五月二十二日，後學朱希祖敬跋。（第 666 頁）

　　花間集十卷　後蜀趙崇祚輯　明正德十六年陸元大刻本　汪東跋

　　《花間》一集，爲詞家總集之祖，其所選錄，亦最精妙，在藝苑中，殆與《文選》《玉臺》鼎足而三。此爲明人覆宋本，尤可賞玩，眞宜於落花如雨時焚香靜對。辛未七月，過楳景書屋，湖帆先生出此見示，因識其端。汪東。

（第 829 頁）

段凌辰藏黃季剛先生手稿

　　蘄春黃季剛先生於舊曆重陽後二日，遽捐館舍，海內又失一大師矣。先生學術文章，照耀天下，風聲未泯，無待稱揚。余聞兇信，既哭之以詩，復檢行篋所存先生手稿，命工裝潢，藉永心喪之病。計祭文一篇，序文一篇，書三通，手寫簡牘遺文一紙，五言古詩一首，七言古詩二首，七言律詩五首，七言絕句九首，詞二十二闋，共書作三十六紙。詩中亦有《北海荷花》二首，乃江叔海先生原稿，以先生有和作，故兼存之。詞中《洞仙歌》一闋，僅首數句，且以墨塗去。《菩薩蠻》一闋，亦只二十二字，當均是未竟之作。《與凌辰書》，乃民國十五年（1926）余從事中州大學時，先生所寄與者。《中國文學概論序》及手寫簡牘遺文，為十八年（1929）客南京所貽。其餘皆遊學武昌時，得自先生家中，大氐八九年間作也。去歲盛暑中，旅居白下，謁先生於藍家莊九華村。先生尚諄諄誨戒，以文字相勖勵。孰意歲序方周，而先生竟歸道山。回念舊恩，聲容在憶；引領江雲，彌深慨想。睹此吉光片羽，泫然不知涕之無從也。中華民國二十四年國曆十月二十八日，弟子汲縣段凌辰敬序於濟南建設廳秘書處。

【《進德月刊》V.2.No.1】

先師劉君小祥會奠文

　　庚申年，壬申朔，越六日戊寅，弟子楚人黃侃，自武昌為文，奠我先師劉君。嗚呼！歲序一周，師恩沒世。淚灑山阿，魂銷江澨。學豐年嗇，名高患至。夫子既亡，斯文誰繫！丁未之歲，始事章君。投文請誨，日往其門。因覬之子，言笑欣欣。齒雖相若，道則既尊，我歸奉親，深山晦道。猶蒙書素，時相存問。榆枋鳩搶，天池鵬運。小大雖殊，各安涯分。檻檻檣東出，大野麟來。局促風塵，望遠興哀。據圖刓喉，智士所悝。變態百瑞，天諒人猜。

我滯幽都，數得相見。敬佩之深，改從北面。夙好文字，經術誠疏。自值夫子，始辨津塗。肺疾纏綿，知君不永。欲慰無辭，心焉耿耿。我歸武昌，未及辭別。曾不經時，遂成永訣。始聞兇信，以詩表哀。恩德莫稱，臨文徘徊。嬴軀幸存，方寸已灰。雖傳不習，亦負甄培。君之絕業，《春秋》《周禮》。纂述未竟，以屬頑鄙。世則方亂，師則既亡。《堯典》入棺，文獻俱喪。傷哉小子，得不面牆。手翻斷簡，泣涕浪浪。嗚呼哀哉！賢士天年，可數而悉。顏回、韓非，賈誼、王弼。如我夫子，豈非其一？尙籍鴻名，慰斯幽室。周孔雖聖，豈必長生。聊將此語，解我悲情。嗚呼哀哉！【《進德月刊》V.2.No.1】

中國文學概論序

汲段凌辰有《中國文學概論》問世。予嘗謂中國哲學史最難焉，以其腹大如洞庭湖；文學史最難爲，以其尾大如揚子江。今段生之爲，其將揚帆鼓枻以泛此浩漾之津耶！是未可知也。予雖無似，願爲水手焉，長年焉。送君者自崖而反，君自此遠矣。己巳六月盛暑中，黃侃書。【《進德月刊》V.2.No.1】

與段隆淵書

前囑代抄《古今中外聲韻通例》一書，想已錄就，幸於便中送來。清暇亦希過我一談。古人三宿桑下，猶有戀心；寧有朝夕燕譚，至於三月，一朝別去，視若逆旅之暫棲。民德歸厚，宜一恩省。手此，即問隆淵近祉。黃侃頓首，十七日。【《進德月刊》V.2.No.1】

與張健民段隆淵書

侃今暮下堂，遽有略血之疾。學術誠愧爲師，勞則至矣，下星期擬暫行休養，赴武昌西山一遊，未識諸弟中有肯相從者否？煩遍詢之。健弟前假去《詠懷詩注》及《綴白裘》，都望見還，藉遣寥寂。隆弟攜去《古今韻例》，倘未抄就，亦盼持來。手此，即白健弟隆弟，侃白。九月十七夕。【《進德月刊》V.2.No.1】

與段凌辰書

凌辰吾弟左右：分別遂彌年載，何考不對朔風而億君！徒以性懶作書，音問希闊。如以爲忘弟，斯大謬矣。海內大學，聞尙以中州一校爲整飭，久有願往觀光之心。去年承仕翁介紹，其校主者，虛懷見聘。始緣爲石瑛所排抑，枉直未分，不得不留滯此都，坐待伸理。歲暮正思北上，而貴省已化爲戰區。引領嵩雲，慨想而已！日前託馨吾弟以鄙意奉告，擬乘暑假，

一詣梁園。今獲來書云：張先生欲邀侃於下學期開學時，蚤來數日。具見側席相期之盛意，無異前年。欣感實甚。彼此行止，當時報吾弟知聞，道暑有暇，亦盼常致書尺，以破寥寂。手此，敬頌撰祺。愚小兄侃頓首。五月初九日。兄寓武昌涵三宮馬家巷八號，賜書可直達此。【《進德月刊》V.2.No.2】

凌辰案：書中所稱張先生，即前中州大學校長今山東建設廳長張公幼山也。

秋熱復甚樓坐遣懷

三伏得快西，暑氣暫藏逃。初秋發北風，夜坐思襺袍。陰陽既乖錯，涼燠均煩勞。金商不當節，火旻依然高。廛閈多瘖痫，重以田禾焦。試詢馮相氏，所說令心切。羲輪見黑子，八表同炎熇。亨毒意誰辨，下民空嗷嗷。白露會須零，臨樓瞻斗杓。【《進德月刊》V.2.No.2】

醜婦詠

醜婦矜莊固其分。家臨大道無人問。日暮踦閭閱過人，苦從鉛粉求風韻。道旁觀者偶笑嘻，翻教醜婦心狐疑。從來自詡無波井，白帽兒郎莫見欺。【《進德月刊》V.2.No.2】

聽鄰女彈琴歌（並序）

外生李炎有此作，嫌其未得修辭之理，戲拈十句示之。

霧鬢雲鬟殊未見，日聽琴聲出探院。未必琴中便有心，翻勞聽者生歆羨。秋雨蕭蕭夜淋幔，一燈無光人欲倦。妙唱驚聞阿得脂，此聲印是歡聞變。遠鐘將動琴未停，不覺空房淚如霰。【《進德月刊》V.2.No.2】

壬寅歲來武昌時，父友李護督停棺長春觀，侃從李氏兄弟常宿是間，今十餘年矣。秋日來遊，故處猶能指記，外生李炎有作，遂次其韻

古屋塵凝感昔遊，寒郊此日又逢秋。孤蓬自轉閒身在，上藥無靈術士愁。尚想姻朋殊貴賤，久將生死等休浮。道旁礫石成華表，遼海人歸亦白頭。【《進德月刊》V.2.No.2】

風仍不息頗擾宵暝再成一首

已識南風遜北風，揚沙三日萬方同。早寒便欲行冬令，晚獲還應棄歲功。畏佳山林吹籟後，蕭條塵里閉門中。焚雞磔狗俱無益，且匿深帷學宋聾。【《進德月刊》V.2.No.2】

容子和予前韻其意甚悲更酬一詩以醳憂思顧不能自踐所言也

嗟君清句孰爲鄰，發響淒然感我頻。故里田園勞夢憶，早年兄弟見情親。澄河縱遠非無日，愁夜偏長亦易晨。階級可輕門戶重，相期彼此愛閒身。【《進德月刊》V.2.No.2】

庚申歲朝作示凌辰弟

元辰清曉雪仍稞，坐盼陽和變積陰。自笑拙爲宜蹭蹬，何勞佳節警侵尋。新歸且識還鄉樂，獨寐難忘在澗心。最惜寒梅猶未蕾，此時尊洞對誰斟。【《進德月刊》V.2.No.2】

去年以閏月二十三日來武昌今一朞矣感賦

飄蓬原未定還期，江上誅茅又一期。微奉極知猶忝竊，全家且喜免分離。鄉看秋草無歸路，門對青山有好詩。落日憑闌仍北望，長謠登嶽憶年時。【《進德月刊》V.2.No.2】

七月十五日

法供盂蘭飾几筵，楚鄉舊俗至今傳。孤兒淚盡松楸遠，媿向經龕禮目連。【《進德月刊》V.2.No.3】

絕句

窗畔高覯似案平。嵐光還共篆煙清。晚天雲樹都宜畫，惟有秋心畫不成。【《進德月刊》V.2.No.3】

糊名

校試糊名事若何，貲郎任子竟同科。君看和仲慚方叔，猶覺前賢直遭多。【《進德月刊》V.2.No.3】

狂風

初秋江上北風號，飛瓦排牆耳欲聵。忽憶少年浮海日，柁樓欣看浪頭高。【《進德月刊》V.2.No.3】

奉和叔海師北海荷花二首原韻

遼后妝樓跡已湮，鏡波還照藕花新。紅情綠意知何限，愁趁西風繞水濱。
地安門外屢經過，怊悵蓬塘漸種禾。留得故宮花事在，盡容詩老日來哦。

（附）北海荷花二首

瓊島瑤臺跡未湮，藕花依舊色如新。誰言此日繁華盡，無數紅妝照水濱。
朝局匆匆五代過，芙蕖渾似故宮禾。興亡滿眼無窮感，值得詞人幾度哦。

（季剛每過此輒有詞）【《進德月刊》V.2.No.3】

絕句

鵲語無憑集晚枝，山眉有恨瞰空帷。不知秋意添多少，但覺新來屢換衣。
【《進德月刊》V.2.No.3】

送燕

秋到人間萬事非，杏梁燕子又將歸。雙雙俱至斐斐去，絕勝摧頹孔雀飛。
【《進德月刊》V.2.No.3】

影戲

轉鏡高樓夜放明，蛇人紙上換殊形。便須長作無遮會，幻到犁軒也漫驚。
【《進德月刊》V.2.No.3】

洞仙歌

梁園賓客，數相如工賦。更喜佳人慰遲暮。只幽蘭白雪，靜撫清絃，誰料道，同伴鄒陽讒訴。者喜眞懊惱，月墮懷中，夢裏驚風又吹去。離合總由天，再見雲英，應多謝江頭鼙鼓。縱天末飄零也無妨，且圖向萍根，暫時歡聚。【《進德月刊》V.2.No.3】

好事近　　秋曉聞笳

凌曉啓樓窗，眼看蒼浪天色。門掩千家沉睡，但縱橫阡陌。空城笳火轉喧鳴，聲遠藉風力。漫把胡沙寒意，向蕭條江國。【《進德月刊》V.2.No.3】

四和香　　移床憶半屛

乍拂凝塵長簟冷。夜向空房永。飲不能酣終易醒。經歲事勞追省。深幕一燈明鳳頸。照我凄涼影。欲把禪機銷此病。知舊約無由整。【《進德月刊》V.2.No.3】

清平樂

一枝片玉。相見清江曲。柳似垂髮花似肉。正是秦娥十六。春來秋去相思。人間天上無期。贏得萬千辛苦，都緣一刹那時。【《進德月刊》V.2.No.3】

搗練子

斟白酒，燎沉香。幾日愁霖懶啓窗。剛道晚晴天氣好，不堪滿目是殘陽。
【《進德月刊》V.2.No.3】

定風波（四首）　　感舊懷人

弱水回風引客船。青鐘消息更難傳。誰料蘇卿老歸國。蕭瑟。燕支山下記經年。　鑪畔胡姬方十五。心許。繁櫻晴畫替人妍。鞭石成橋東海上。無望。那能留命待桑田。（大森小島孝）

宛轉吳聲白紵歌。阿儂隔燭溜橫波。攜手背人詢小字。須記。曲終江上訪湘娥。　瓦市佳遊明月下。通夜。橫塘歸去聽鳴珂。綠葉成陰看總好。休媧。尋春較晚奈伊何。(鄞縣林湘君)

碧玉當年未破瓜。蘭情水盼柱相加。記否幽坊涼夜半。人倦。親從皓腕繫紅紗。　一去吳雲無信息。尋覓。誰知重見在天涯。柳爲相思才化絮。留住。放他飛去落誰家。(無錫周蘭芬)

邀禊名園未有田。燕池花落又經春。猶憶西郊風日美。十里。平蕪如翦藉鈿輪。　歸路斜街燈似月。奇絕。滿樓紅袖迓歸人。我尚飄零卿已嫁。休訝。世界間合本逡巡。(吳縣陸克琴)【《進德月刊》V.2.No.4】

〔今按〕此爲贈妓四首。大森小島孝爲日妓，鄞縣林湘君、無錫周蘭芬、吳縣陸克琴爲國妓。

月下笛

是夜被酒早臥，醒後月色依然。丁步荒庭，惟殷遐想。城頭葭吹適動，倍助淒懷。歌此一闋，不覺衰淚之沾衿也。

此月多情，應知看月，那人何處。覊雌最苦。繞空枝動鰥緒。荒庭巡遍仍難睡，看衰葉隨衣亂舞。把青扉閉了，珠簾垂下，夜色仍度。　無據。長門賦。歎四屋黃金，起塵如許。刀環望絕，照愁明鏡千古。關山無限惟秋到，問秋恨人間共否。只除是，斷續城譙角似和悲語。【《進德月刊》V.2.No.4】

風入松

七月十二日，病少間，攜筇出東郊展眺。忽憶六年前此際，正偕癡梅寄靖滬濱夷落中。歲月遞流，悲歡變幻。獨行荒徑，追感華年。衰柳寒蟬，似並助余淒抑也。

頹陽將恨到孤城。官道少人行。數絲病柳無生意，更堪銷幾度蟬聲。疏草正和煙淡，微雲欲與山平。　歲華箭激最堪驚。依舊歎伶俜。綺疏此日如天遠，映心頭歷歷文欞。秋眼無多衰淚，還塗灑與飛輪。【《進德月刊》V.2.No.4】

〔今按〕此爲贈黃紹蘭。癡梅即黃紹蘭。

點絳唇

檢篋得舊扇，尚未書字，扇爲蟫蟫骨，癡梅所贈也。感賦一闋，即題其上。

蟫甲玲瓏，幾年篋裏愁輕展。聚頭人遠，辛苦知誰見。　濃笑書空，曾傍柔荑腕。音塵斷。忍吟班扇，淚與殘蟬泫！【《進德月刊》V.2.No.4】

〔今按〕此爲贈黃紹蘭。

浣溪沙

暫熱仍涼恰是秋，微陰終日羃高樓。更無心緒憶遨遊。　偶得奇書消永晝，強尋閒事被清愁。不坊身世兩悠悠。【《進德月刊》V.2.No.4】

點絳唇

忽枉羊車，今宵要作藏鉤戲。醺醺一醉，草劃還驚起。　剗襪床前，不解凫飛意。卿休矣。枕函落地。誤把丹鞋替。【《進德月刊》V.2.No.4】

戀繡衾

闌風長雨獨閉門。理蟫殘還校舊文。倦摩眼，添閒悶，下窗帷天氣近昏。夢情先與羅韜冷，仗醇醪沉醉未溫。訴不盡，悲秋意，對深宵燈燼自薰。【《進德月刊》V.2.No.4】

瑣窗寒

讀水雲樓詞，有感鹿潭晚歲事，賦此弔之。

逝水漂花，浮雲蔽目，暮年江表。篷窗倚處，載得青琴偕老。想箜篌怨鴻自唬，葦洲對說飄零好。算窮塗意緒，蛾眉能慰，便應傾倒。　閒校。蟫殘稿。歎如此遭逢，偶同衿抱。連枝謾誓，媿擬期梁誠操。問誰澆詞客斷墳。西風暗襲紅心草。怕幽蘭秋竹微辭，後來賡和少。【《進德月刊》V.2.No.4】

摸魚兒　　庚申七夕和白石韻

歎新來乍覺閒靜。懶聞螿訴梧井。佳期偶向愁中覺，從此又教愁永。傷去景。問誰料天孫誓約還更整。雲寒霧冷。算別緒經年，秋天一夜，歡恨兩心領。　危簷角，還持微波炯炯。橋成何待俄頃。已諧仙侶偏多障。餘巧世人猶請。離思回。鎮獨步，空庭冷落銀漢影。幽歡自省。訝十載前頭，陳瓜舊處，翻作斷腸境。【《進德月刊》V.2.No.4】

〔今按〕庚申爲 1920 年。

霓裳中序第一

西風到巷陌。斷續蟬聲催暮色。微涼怯添病力。但深閉暗窗，愁聽蕭索。空園露滴。怕眾芳容易狼藉。雕梁燕，不應怨別。與客伴孤寂。　愁極。舊盟難憶。早羽迅流光過隙。悲懷何計自釋。拂簪塵多，展卷篋蝕。寄惸無使覓。算斷了人天信息。鐘鳴矣。銅盤殘苣，淚共冷灰積。【《進德月刊》V.2.No.4】

雨中太希從廬山見訪喜賦

詫顛風斷渡，誰迓汝，過江來。算臥雨相如，傷秋宋玉，忽展愁懷。幽齋。下塵凝榻，況留人叢桂也將開。別後詩篇幾許，煩君一一敲推。　清才。眼底誰儕。松謖謖，絕氛埃。正乍別匡廬，下山雙屐，猶帶莓苔。徘徊。詠招隱士，誤佳遊鼙鼓動江隈。欲補前時俊約，明朝試訪琴臺。【《進德月刊》V.2.No.4】

攤破采桑子　題小象

梅妝菊骨無人學，只伴冰霜。合受凄涼。晚節還堪殿眾芳。也囉，真個是意難忘。　蘭情蕙性誰能招，種向都梁。怨滿瀟湘。好續離騷詠國香。也囉，真個是意難象。【《進德月刊》V.2.No.4】

〔今按〕此為贈黃紹蘭。

洞仙歌

漢皋臺下，是重逢佳地。窈窕無雙好年紀。訝迷離撲朔未辨。（原稿均用墨塗去，下闕）【《進德月刊》V.2.No.5】

〔今按〕此為贈黃紹蘭。共十闋，此為其一之殘稿。

菩薩蠻

薄寒生處垂羅幕，屏畫遠山青碎。蛬驚夢墜。清夜怯燈明。（此詞有誤，茲依原稿抄錄。下闕）【《進德月刊》V.2.No.5】

輯五　附錄

附一　序跋

辨章雜家　提要鉤玄——司馬朝軍《續修四庫全書雜家類提要》序

來新夏

　　幾年前，在上海一個國際學術會議上，經武漢大學曹之教授的介紹，我認識了該校一位青年學者司馬朝軍教授。交談之下，感到他腹笥深厚，談吐不俗，所攻方向又是學界鍾情的「四庫學」，不禁加深了幾分敬佩。後又收到朝軍惠寄的《四庫全書總目研究》一書，當推該領域有關研究著述之翹楚。從而深期朝軍更有進益，爲中華傳統學問增色。近時又收朝軍新著《雜家提要》，並邀我一序。我近以日趨高年，精力衰退，婉拒者多，而朝軍之請，心嚮往之而情不可卻，姑綴短章，以表欣羨。

　　雜家之起當在戰國漢初，爲折衷和雜糅各類思想的學派，具有「兼儒墨，合名法」的特點，列在諸子百家，即後世著錄之子部。子部收納範圍是「自六經以外立說者皆子書也」，雜家類亦隨之存錄，如秦呂不韋的《呂氏春秋》和漢淮南王劉安的《淮南鴻烈》等都是雜家的代表作。雜家之列於子部，自《七略》、《漢志》、荀勖、李充以迄《隋志》，歷年相沿，無所更改。但後世子部界限日趨龐雜，如清《四庫全書》將難納入經、史、集諸部的圖籍統歸子部，使子部幾乎成了無所不包，凌亂不堪的大雜燴，與最初的子書範圍已相去甚遠。其後，雜家更廣收博納，益形混雜，以致人多謂學無邊際者爲雜家，實則博覽雜家著述，殊非易易，非博涉多通之士，莫能言雜家。我嘗讀《四庫全書》雜家類提要，頗受其益。後人鑒四庫有漏列及乾隆後諸籍缺著錄，乃繼《全書》之後，又纂《續編》，另編《提要》，其雜家一類即收書數百種。世事煩擾，未遑詳閱，而司馬朝軍又重爲此撰《提要》，行將見承先啓後之效，爲讀《續修四庫全書》及《提要》作先導。

　　朝軍之撰《續修四庫全書雜家類提要》乃受傅璇琮先生之邀，爲《續修四庫全書》雜家類所收雜家著述撰提要。該類所收各書，上下古今而以明清爲重，即四庫漏收及四庫後之雜著，內容極爲龐雜，凡雜學、雜考、雜說、雜品、雜纂等等，無所不包。前人於撰《續修四庫全書》雜家類提要一事，曾有所關注。上世紀二十至四十年代間，在日人主持下，中日學人曾與其事，分投撰寫，單篇成文。合成以後，既欠溝通，又不劃一，致使書成眾手，無所統攝，僅存油印本稿。迨上世紀七十年代臺灣王雲五氏乃就日本京都大學人文科學研究所所藏油印本，由商務印書館印行《續修四庫提要》一書。1996年，中國科學院圖書館羅琳等人即據館藏提要稿本 219 函，編成《續四庫全書總目提要》37 冊，另索引一冊，由齊魯書社影印出版。前二書未能遍加整理，分類編次，較爲凌亂。今司馬朝軍在前人基礎上，分撰雜家類提要，逐一批閱，旁參他籍，每讀一書，輒遵向歆遺規，成一提要，歷時三年始成，可稱辛勞。當此之際，武漢大學國學院主編《珞珈國學研究系列叢書》，見收此書，並擬由商務印書館刊布單行本，想不日即可問世。至於應如何與前二書比照評估，則老朽尚未深研，不敢妄言，只能待之異日。

　　朝軍志存鴻鵠，於此尚爲淺嘗。其後更擬爲自古至今之雜家類圖籍，撰《雜家敘錄》一書，以利學林，立意宏遠，踐行維艱，非費十年之功，聚多識學人，嚴定義例，廣搜博採，妥加編次不可。我年逾九十，來日苦短，誠禱有生之年，能見《雜家敘錄》之成稿，可自幸不辱此生。朝軍方當盛年，精力充沛，當能遂此願望，我於此有期盼焉。是爲之序！

　　　　　　　　　2013 年初春寫於南開大學邃谷時年九十歲

雜家文獻學的發軔之作——司馬朝軍《續修四庫全書雜家類提要》書後

傅璇琮

　　司馬朝軍教授於上世紀 80 年代在武漢大學中文系學習，除了研習小學、經學之外，也曾對古典目錄學發生濃厚興趣，90 年代又在武漢大學攻讀古典文獻學博士學位，二十餘年甘坐冷板凳，專心致力於四庫學與文獻學研究，近年陸續推出《四庫全書總目研究》、《四庫全書總目編纂考》、《四庫全書總目精華錄》、《四庫全書與中國文化》、《文獻辨僞學研究》、《國故新證》、《黃侃年譜》等多種論著。他曾將有關論著寄贈給我，給我留下了深刻印象。

　　2009 年 10 月，清華大學中國古典文獻研究中心召開有關《續修四庫全書總目提要》編纂會議，他也應邀參加。會後他承擔了雜家類三百五十二種提要之撰稿工作。雜家類的份量很大，專業性也很強。他不懼艱辛，迎難而上，對每一種書都細加審閱，並參考有關材料，充分吸收古今研究成果，窮搜博採，提要鉤玄，披覽萬卷，歷時三年，終於按時交稿。在此基礎上，他又反覆打磨，刪繁就簡，濃縮而成《續修四庫全書雜家類提要》（以下簡稱《家類提要》）一書，將由商務印書館刊行單行本。

　　近年來，我們曾經就續修四庫提要的編纂問題反覆商談，書信不斷，電話不斷，他多次給我們寄來樣稿，根據我們的要求和體例，他又反覆調整，認眞修改，我對其成書稿過程是比較清楚的。現在，朝軍同志將書稿寄來，問序於我，義不容辭。捧讀書稿，感到甚具學術內涵，確可體現我們現在所撰、爲有當代學術意義之「四庫提要」。具體而言，此書大致有以下幾個特點：

　　第一，辨分類。我在上世紀九十年代參與《續修四庫全書》編纂，當時編委會對子部雜家類選輯就有一定難度，覺得雜家分類甚爲紛雜。南宋文獻

目錄學家鄭樵於《通志・校讎略》中就已提出：「古今編書，所不能分者五，一曰傳記，二曰雜家，三曰小說，四曰雜史，五曰故事。凡此五類之書，足相紊亂。」我們當時編子部雜家類，收有三百五十二種，在子部中容量較大，收書多，特別是明清，有文獻價值，但確有分類複雜問題。我過去應邀爲《全宋筆記》作序，就曾提出《四庫全書》對筆記分類也有值得梳理之處。現在司馬朝軍同志在撰寫此類提要時，指出了不少分類問題。如陳鱣《簡莊疏記》詮釋經義，實爲讀《十三經》箚記，應入經部群經總義類。嚴元照《娛親雅言》書中考論皆關經傳，陳偉《愚慮錄》爲經義筆記，似應入群經總義類。《掌中宇宙》一書分爲十篇（曰仰觀篇、俯察篇、原人篇、建極篇、列職篇、崇道篇、耀武篇、表格篇、旁通篇、博物篇），篇下分部，部下分細目，細目之下又出條目，其書體例實爲類書。張岱《夜航船》分二十大類一百二十五小類，爲通俗類書，也應入類書類。董正功《續家訓》大旨排斥佛教，守衛儒學道統，宜入儒家類。又如唐錦《龍江夢餘錄》旨在維持名教，以儒家之道衡量群言，故也宜入儒家類。蔣鳴玉《政餘筆錄》究心理學，猶不失爲平正，亦應入儒家類。李鎧《讀書雜述》一書，名曰「雜述」，實則甚醇正，可入儒家類。駱問禮《續羊棗集》爲其《萬一樓集》中之一部分，似應入集部別集類。張大復《聞雁齋筆談》爲其《梅花草堂集》中之一種，爲晚明小品文，抒寫性靈，無關典故，亦非說部，應入別集類。我覺得，司馬朝軍同志的辨析，並不是對《續修四庫全書》子部雜家類的分類作全面的否定，而是促使人們對這方面的文獻整理作進一步通盤考慮，使人們意識到文獻整理與研究有機的結合。這當是本書的學術特色。

第二，別眞僞。司馬朝軍同志在辨僞方面做過大量卓有成效的研究工作，他在雜家類中也發現了幾種僞書。如《晝永編》一書，舊本題明宋岳撰，全書凡三百六十條，最早著錄於徐乾學《傳是樓書目》小說家類，分上下二集，不分子目，其書皆抄錄前人嘉言懿行之可爲法則者，稍加點竄，掩爲己有，而一一諱其出處。數百年來，其書之僞，無人道破。他細心比勘，發現此書實爲僞書。他廣搜證據，考證出其中三百五十三條僞跡昭彰，從而將其徹底證僞。又如《經史雜記》，舊本題清王玉樹撰，書前目錄後有道光十年（1830）玉樹識語，稱公余讀書，每究尋經史，偶有所得，輒筆記之，後擇其有關考證者薈萃成編，題曰《經史雜記》。司馬朝軍同志細覈其書，考其來源，勘定其爲抄襲成書。此外，他將雜家類著作中所涉及的辨僞史料作了大量的輯錄，

這樣的例子可謂不勝枚舉。去僞存眞，這既是本書的一大宗旨，也成爲全書的一大亮點。

第三，明是非。雜家中不乏有學問的思想家或有思想的學問家。司馬朝軍同志特別注意鉤稽他們有關人生哲學的格言警句，將諸多雜家的觀點作了拾遺補缺的工作。如《閒中古今》一書稱「保初節易，保晚節難」，「大凡不順理者，豈可得乎」，「凡百玩好，皆能害德」，「知人固不易，哲人能察之於微」，「人君尙亦謹其所好」，「天之不祐惡人」，「小人聰明才智之過人者適足以爲其身之累」，皆爲悟道之言。《四庫全書總目》偏重漢學，排斥宋學，對於此類觀點往往不屑一顧，甚至大加貶斥。而司馬朝軍同志漢宋兼採，注意鉤稽前賢論點，闡幽表微，其宗旨在彰善癉惡，樹之風聲。又如書中一再論及養廉反貪問題，至今仍然具有重大的現實意義。這樣的例子在書中隨處可見，讀者自可從中明辨是非得失，學習古人處世之道、養生之術。

唐代僧人智升在《開元釋教錄》序中說：「夫目錄之興也，蓋所以別眞僞，明是非，記人代之古今，標卷部之多少，摭拾遺漏，刪夷駢贅，欲使正教綸理，金言有緒，提綱舉要，歷然可觀也。」《雜家提要》一書，不僅能夠「別眞僞」，「明是非」，而且在分類方面多有新見，尤爲難得。可以這樣說，這部書稿對於提升古典目錄學的研究層次具有重要意義，對子部雜家類之文獻學研究尤具開創之功。此書既是別開生面的目錄學力作，更是雜家研究的發軔之作。朝軍同志來信稱，今後計劃擴大規模，將所有雜家類著作一網打盡，編纂一部完備的《雜家敘錄》。雜家浩繁，鉤稽匪易。我們期待他百尺竿頭更進一步，爲中國傳統學術研究做出更多更大的貢獻。

最後我想再補述一點：《續修四庫全書》於上世紀九十年代及本世紀初即由上海古籍出版社陸續出版；前幾年，提要編撰起動時，上海古籍出版社與本書編委會合作，多次討論，制定提要的撰寫體例，以使經、史、子、集全書提要體例統一，文格接近。司馬朝軍同志應我們編委會邀請，承擔子部雜家類提要撰寫。撰成後，出版社、編委會審閱，曾就全書體例規定提出修改意見。司馬朝軍同志乃就總體著眼，加以修訂。應該說，現在單行出版的這部《雜家提要》，既保含全書的統一體例，更保持他自己的治學專著特色。這應當也是《續修四庫全書總目提要》編纂的另一成就。

2012 年 11 月

《〈四庫全書總目〉編纂考》序

章培恒

　　《四庫全書》的編纂是中國文化史上的一件大事；至其爲功爲過，則在學者中存在著不同的——甚至尖銳對立的——見解。譽之者謂爲中國典籍的總匯，其中保存了許多失傳的古書珍貴的版本；斥之者視爲中國文化的罪人。後一種意見可以魯迅先生爲代表。他說：「清朝的考據家說過：『明人好刻古書而古書亡』，因爲他們妄行校改。我以爲這之後，則清人纂修《四庫全書》而古書亡，因爲他們變亂舊式，刪改原文……」（《且介亭雜文·病後雜談之餘（二）》）對於「刪改舊文」，他在該篇中還舉了《四庫全書》本《容齋三筆》和《嵩山文集》的各一個例子，以顯示出其刪改範圍之廣。不過，魯迅先生所舉的那兩條，都牽涉到宋金的矛盾，因而具有「政治性」；至其更常見的刪改，則是把底本中不通或看似不通的文字改得通順。其結果，或是把底本不錯的改成錯誤，或是把脫誤加以掩蓋，使人不致產生懷疑，因而更不易追尋原貌。所以，儘管魯迅先生的意見在近若干年來常被他些人諡爲「過激」，但我想，至少他對《四庫全書》的看法還是對的。

　　當然，《四庫全書》中確保存了好些失傳的古書，尤其是輯自《永樂大典》的那一批。由於《永樂大典》絕大部分已經被毀，《四庫全書》中的這些輯本確是彌足珍貴了；雖然，如果把《四庫》所輯和少量幸存於《永樂大典》殘本中的加以對勘，仍不難發現前者的「刪改原文」的錮習。而且，《四庫全書》的這種價值的取得，實在也不能不使像我這樣杞人憂天式的人物對大清皇帝此一「盛世修書」的偉業頗爲感慨；國家的後來越弄越糟，以致《永樂大典》也慘罹浩劫，恐怕跟纂修《四庫全書》所體現出來的思想統制與文化政策也不無關係吧。不過，後來雖對《四庫全書》有種種議論，對《四庫全書總目》

的學術價值卻都是肯定的，我的老師一輩的學者和他們的前輩中，有好些人是將此書作爲治學的入門書的，連魯迅先生也說：「現在有一些老實人，和我閒談之後，常說我書是看得很多的，略談一下，我的確也好像書看得很多，殊不知就爲了常常隨手翻翻的緣故，卻並沒有本本細看。還有一種很容易到手的秘本，是《四庫書目提要》（即《四庫全書總目》——引者），倘還怕繁，那麼，《簡明目錄》（《四庫全書簡明目錄》）也可以，這可要細看，它能做成你好像看過許多書。」（《且介亭雜文·隨便翻翻》）可見《四庫全書總目》對於擴大學術視野和增加知識確是大有好處的。

然而，這還只是就博覽這一方面而說；倘要正經做學問（當然這裡所說只是古代文史之學），也可以從《四庫全書總目》中找到門徑，並且對此書是非看不可的。例如，要研究魏晉南北朝文學，那就應該先讀一讀《四庫全書總目》中有關的別集、總集和詩文評部分，以瞭解現在保存下來的魏晉南北朝的文學和文學批評書籍有多少（當然，《四庫全書》編纂後所發現或所編的有關圖書不在其內），其各自的地位和特點又如何，然後按圖索驥，作進一步的研究。不過，在作研究時，應該儘量以優於《四庫全書》本的版本爲依據。

一般說來，《四庫全書總目》的各書提要不僅能對該書作出扼要介紹，有時還有頗爲精闢的見解或重要的信息。所以，即使是作個案研究，也必須先讀一讀《四庫全書總目》中的有關提要。否則有可能造成事倍功半的遺憾。

但同時也應該看到，《四庫全書總目》中的有些提要實在寫得不怎麼樣，有的說而不切，有的判斷不當，個別的更流於謾罵，例如爲李贄《藏書》所作的提要說：「贄書皆狂悖乖謬，非聖無法，惟此書排擊孔子，別立褒貶，凡千古相傳之善惡，無不顛倒易位，尤爲罪不容誅。其書可毀，其名亦不足以污簡牘。特以贄大言欺世，同時若焦竑諸人幾推之以爲聖人，至今鄉曲陋儒震其虛名，猶有尊信不疑者，如置之不論，恐好異者轉矜創獲，貽害人心，故特存其目，以深暴其罪焉。」（《四庫全書總目》卷五十《史部·別史類存目·藏書》）那就跟後來的「大批判」文章一脈相通了。

《四庫全書總目》作爲一部在整體上具有重大學術價值的書籍，其所以顯現出如此複雜的面貌，首先是由於乾隆皇帝編纂《四庫全書》本有其政治目的，《四庫全書總目》在一些關鍵性問題上自不得不貫徹其政治意圖，而且即使在非關鍵的學術問題上他也要插一手，發佈指示，當然也不得不凜遵無誤；其次是《四庫全書總目》的編纂者雖然都可稱爲學者，但學術水平高低

不一，在思想上也頗有歧異。例如戴震，不但學術成就高，又是傑出的思想家；而翁方綱則不僅在學術上不如他，在思想上與戴震有分歧。出於兩人之手的提要，自不得不有種種差別。

也正因此，《四庫全書總目》的編纂本身就是一個重要的研究課題。其編纂過程固然值得探討，編纂過程中的導致《四庫全書總目》的上述面貌的種種複雜情況更有必要加以闡明。這不但有助於我們瞭解《四庫全書總目》這部書，有助於我們更好地使用它——充分發揚它的優點並盡可能防止它的誤導，而且也可為我們今天的人文社會科學研究提供許多有益的借鑒。因為現在集體攻關項目越來越多，這雖與《四庫全書總目》的編纂是不同的性質，但在怎樣組織和發揮集體的力量這一點上，卻是有經驗和教訓可以吸取的。

但這是一項高難度的、艱苦的研究工作，不但要搜集大量的資料，加以精細的鑒別，更需要具有識力。而在我看來，司馬朝軍副教授就正是具有這樣的識力的學者。他自述其從事此項研究的主旨是：「現在，我們應該實事求是地對諸色人等在《總目》編纂過程中的貢獻作出評價，回到具體的歷史語境之中，以翁方綱還之翁方綱，以戴震還之戴震，以紀昀還之紀昀，以陸錫熊還之陸錫熊，以于敏中還之于敏中，以清高宗還之清高宗。只有如此，才能談得上客觀公正。」這真是精警之見，深中肯綮。至其在資料方面的竭澤而漁，辨析的深慎，更是其一貫的作風。所以，《〈四庫全書總目〉編纂考》之成為高水平的學術著作固非倖致，而就司馬朝軍副教授而言，卻也是必然之事。

此書是司馬朝軍副教授在復旦大學中文博士後流動站工作期間的成果，也是他的出站報告。作為這個博士後流動站的負責人，我為我們站能出這樣紮實的、高質量的學術成果而深感欣幸。

一部紮實厚重突破創新的「四庫學」前沿之作——讀《四庫全書總目編纂考》有感

王俊義

　　當司馬朝軍教授的新著——《四庫全書總目編纂考》即將付梓之際，承作者厚愛以樣稿見示，且囑寫篇序文。如此雅意，至爲銘感。然對寫序之謂，卻猶豫再三，因我對《四庫全書》及其《總目》並無專門研究，惟恐班門弄斧，反有損本書的光澤。但，又繼而思之，個人廁身清代學術思想史研究有年，對於與清代學術思想密切相關的四庫學的最新研究成果，當應先睹爲快。遂抱著急於求知的心情，很快通讀了朝軍教授的書稿。讀後沉思，既感深受教益，又覺欣喜不已：一喜四庫學的研究後繼有人；又喜司馬君此著在學術上的突破成就；再喜武漢大學出版社慧眼識珠，將此著納入能代表該著名高等學府學術水平的「武漢大學學術叢書」。實大喜過望，遂情不自禁地寫了這篇讀後有感，既略抒學習心得，又算是對朝軍賜書索序的交待。

一位優秀的青年學人

　　說實話，我與朝軍至今尚未謀面，只是從媒體的學術信息和他本人已有的著作中獲知，他是一位孜孜不懈，致力於四庫學研究的青年學者，且成果豐碩，卓有成就。他在此書之前出版的《四庫全書總目研究》，就曾受到四庫學領域知名學者的高度評價，認爲「是該領域具有開拓性的前沿之作」；他主持完成的國家社會科學基金項目——「四庫全書總目與文獻整理研究」，又爲全國哲學社會科學規劃辦公室評爲優秀項目，給予高度肯定說：「司馬朝軍歷經多年默默耕耘」，「全面發掘了《總目》的豐富內涵，是目前國內外第一部

從文獻整理角度系統研究的專著」。不僅肯定其是「高水平的優秀著作」，而且讚揚其「嚴謹的治學精神」。爲此，國家社科規劃辦還授予他「信譽良好專家」稱號；他在復旦大學博士後流動站的出站報告——《四庫全書總目編纂考》，又再次被流動站專家組全票評爲優秀，專家組在鑒定意見中指出：其「對《總目》編纂過程作了全面、深入地考察，作者從原始文獻出發，發掘了鮮爲人知的新材料，提出一系列獨到見解。鑒於報告是一部出色的學術專著，對四庫學的研究具有重大推動作用，對研究十八世紀思想史、學術文化史具有重要參考價值，專家組全票評爲優秀」。而目前，武漢大學出版社將要出版的本書，正是其在出站報告基礎上，再經修改提高成書的。我之所以滿懷喜悅之情，列舉本書作者在學術研究中多次受到的肯定與讚揚，意在證明，而且我確信司馬朝軍，無疑是四庫學研究領域的佼佼者，是一位學風紮實，積累豐厚的優秀青年學人。我想，學術研究的發展，同自然界、社會界的發展一樣，總是「江山代有人才出」，「長江後浪推前浪」，新陳代謝，前後傳承。人文社會科學的前進與發展，很需要像朝軍這樣的優秀青年學者，接過傳承捧，在前輩學者奠定的階梯上，繼續攀登，向前推進！

內容豐富　翔實厚重

由於作者對四庫學研究有堅實的積累，在閱讀中首先感到的是本書紮實厚重，內容豐富翔實。全書洋洋灑灑，達五十萬言，在結構安排上，除「引言」、「結論」、「餘論」外，另有八章三十餘節篇幅，與作者前此出版的《四庫全書總目研究》相銜接呼應，在全面、深入考察《總目》的編纂背景、過程的基礎上，更加側重於源源本本，條分縷析地論述考訂了四庫全書館各分纂官，如戴震、周永年、任大椿和程芳晉、翁方綱、邵晉涵、姚鼐等；總纂官紀昀、陸錫熊；總裁官于敏中，及最高決策者清高宗等，在《總目》編纂過程中是如何分工的、各自做了哪些工作、作用的大小、貢獻的多少，都予說明考察，細緻論述。對這些問題，過去的有關論著雖有所接觸，但多半是或有論述，卻語焉不詳；或因佔有材料不足，評論偏頗；甚或主觀臆測，論斷有誤。以致造成學界在《總目》研究中，對有些問題人云亦云，以訛傳訛。又對有些疑難問題，聚訟紛紜，懸而不決。本書則在發掘和掌握大量原始資料基礎上，經過精審考證，對上述問題，作出恰如其分、符合實際、相對準確而有說服力的回答與解決。如此豐富翔實的內容，精密的考據，細緻地論

述《總目》的編纂問題，這在《總目》研究史上尚屬首次。據此而論，肯定本書紮實厚重，對於《總目》編纂問題的研究有重大推動作用，當非過譽之詞。

竭澤而漁　發掘史料

我還突出感到本書另外的耀眼閃光之點，是作者繼承發揚了中國傳統考據學的優良學風，遵照其業師著名古文獻學家曹之先生傳授的「竭澤而漁」的方法，對所研究的每一問題，都不偷懶，不取巧，而是盡可能對有關材料，廣爲搜集，大量佔有，網羅無遺。然後，再由此及彼，由表及裏，去粗取精，去僞存眞，經過嚴密考證，得出結論。自覺地改變了過去那種「以論帶史」的空洞教條模式，眞正做到論從史出。當然，要這樣做，必須花大氣力，下大工夫，需有堅強的學術毅力，而作者則正是這樣做的。以本書「第五章翁方綱與《四庫全書總目》」爲例，翁氏是四庫館分纂官中撰寫《總目》提要稿最多的一位，多達千餘條，皆收入《翁方綱四庫提要搞》之中。翁氏的「提要稿」與《總目》有何異同，乃是學術界頗爲關注的問題。然而，因《翁方綱四庫提要稿》手稿本流落在澳門，其過錄本雖收藏在內地，卻長期處於「養在深閣人未識」之中，很少有人問津。因此，長期以來始終無人對之作窮盡性研究。朝軍爲徹底弄清事實眞相，在認眞閱讀翁氏所撰全部四庫提要稿的基礎上，又參考翁的《復初齋文集》及本人的其他著述，再搜集海內外與之相關的所有文獻資料，還吸收已有的研究成果，將翁氏全部提要稿，與《總目》直接相關的提要，相互對勘，逐條比照，就二者的異同，得出確鑿的結論說：存在六種情況：1、相同類；2、增飾類（筆者按：此類中又細分爲：（1）增材料；（2）增評論；（3）增案語；（4）增材料又增評論等小類）；3、刪改類（筆者按：此類中又細分爲：（1）刪材料；（2）刪評論；（3）改材料；（4）改評論等小類）；4、未撰提要；5、重擬類；6、《總目》未見著錄，同時，書中還對上述各類情況中的各個大類與各個小類都各有多少條，在提要稿總數中又各占多少百分比，加以數字化的精確統計，予以公示說：「以上六大類總計 1150 條，前三類所佔比例爲 49.39%；後三類爲 50.61%。換言之，一半以上是完全不同的，接近一半的提要稿（按：包括相同類）經過不同程度的修改潤色。」這樣的結論比之原來所謂「二者無一相同」的籠統說法，顯然更加科學和嚴密。這對《總目》編纂情況的研究，必會有很大推進。書中對其

他問題的論述與考訂，大都運用了這種「竭澤而漁」，「全文信息」的方法。結論看來簡單明瞭，但在得出結論的背後，卻凝聚了作者無盡的汗水與心血，真乃「梅花香自苦寒來」。相較於當前學術界存在的甚些浮燥張揚，急功近利，不認真讀書，走捷徑，不從原始資料出發，以致或人云亦云，或想當然下結論的不良學風，本書作者這種甘坐冷板凳，十年磨一劍的潛心鑽研學風，實令人擊節讚歎。

突破創新之論迭出不窮

學貴創新，一部學術著作能否站得住，是否有生命力，關鍵在於是否有所創新，能否發前人所未發，言前人所未言。而本書的突出可貴之處，恰在多有開拓創新。書中不僅揭示了大量新材料，而且提出不少新觀點，得出許多新結論。諸如《總目》著作權的問題。此前學術界有「館臣集體意志」、「紀昀一手所成」、「乾隆欽定」等說法，而本書作者在查閱大量第一手資料後，認為上述說法都不能涵蓋所有材料，因此提出《總目》的編纂過程以往被簡化了，其實是一個比較複雜的過程，它經歷了不同的階段，其中有分纂官起草，是編纂工作的起始階段；又由總纂官修訂，其中紀昀與陸錫熊都有很大作用和貢獻；再由總裁官裁正，于敏中做了不少切實的工作。總纂官與總裁官的工作是統一體例，統一思想，解決疑難問題階段。最後，由清高宗乾隆欽定，事實還證明乾隆並非徒具「欽定」之虛名，編纂過程中他不僅屢發論旨，提閱審讀成稿，而且館臣提出和反映的各種問題，最後都由他拍板定案。對《總目》編纂過程作出如此符合實際情況的論述，本書乃是首次，這就使過去所謂「紀昀一手所成」的說法，絕難成立，給人耳目一新之感。又如，對於紀昀和陸錫熊這兩位總纂官在四庫館中的業績，過去的有關論著中有「揚紀抑陸」的不公正傾向，本書依據史實，既肯定了紀昀的作用與貢獻，也用大量資料證實，陸錫熊也同樣作出重要貢獻，其功實不可沒，應予公允評價。再如，對於《總目》中經、史、子、集各部類書籍提要的撰寫者，過去也多有不實之詞，說什麼「經部屬之戴東原」，「天文算法類各篇提要皆出震之手筆」，實則乃誇大之詞。本書據實依理均予駁正，指出「經綜合考察發現，經部各類出力較多的是以下學者：紀昀——易類；程晉芳——書類；任大椿——三禮類……」，以事實證明「經部屬之戴東原」的說法不能成立。至於「天文算法類各篇皆出震之手筆」的說法，雖出自天文數學領域權威學者的著作，

又爲當代許多學者所引用，但並無確鑿根據。經本書作者查證，「四庫全書館設有專門的天文算法纂修官三人，即欽天監中官正郭長發，欽天監靈臺郎陳際新，算學錄倪遠梅，協勘《總目》官李潢」，他們「才是天文算法類提要的主要起草者」，事實上本書作者也查證清楚：「永樂大典本《數學九章》便出自陳際新之手」。這就使「天文算法類各篇皆出震之手筆」的說法，不攻自破，且莫再人云亦云。還有流傳甚廣的「史部屬之邵晉涵」，「史學諸書多由先生訂其略，其提要亦多出自先生之手」，然而，這種說法同樣不符合史實，經查，邵晉涵所撰提要稿，多收錄於其《江南書錄》之中，本書將該書收錄的邵氏所撰提要稿，與《總目》中之史部類提要，逐一對照。原來邵晉涵撰寫的史部提要，主要限於《史記》、《漢書》等正史，而其他史部書籍之提要並非出自邵晉涵之手。全書類似以上的觀點和結論還有許多，恕難一一列舉。值得重視的是，由於這些觀點和結論，多以豐富的事實材料爲依據，無可辯駁。所以，均堪稱定論。可想而知，這些突破創新之論，必將對四庫學特別是對《總目》編纂的研究，產生深遠的作用和影響。

關於學術爭鳴與學術批評

人所共知，中外學術史的發展證明，學術事業的發展需要不斷除舊布新，又是在不同學派、不同觀念的相互爭鳴詰論中前進的。因此，在學術研究中應提倡實事求是，旗幟鮮明，開載布公，開展正常健康的批評與自我批評。而不應你好我好，或相互阿諛，或模棱兩可，那將不利於學術事業的發展，不利於學術著作質量的提高。同時，也應允許學者有自己的表述特點和學術風格。就此而論，本書作者作爲一位尙未至不惑之年的青年才俊，他在學術研究和自己的著作中，銳意進取，坦陳己見，猶如初生之犢，虎虎有生氣。書中對於一此先哲和時賢的不同觀點，甚或論斷失誤之處，常常指名道姓，據理相爭，或予補正，或予發展，或予批評，甚或措辭尖銳不留情面。這在我看來，也是本書作者的難能可貴之處，應予鼓勵。這裡，不妨舉清代乾嘉考據學大師錢大昕對學術批評的事例爲證。錢大昕在學術研究中從不盲從附和，凡是他認爲是錯的，不管是什麼人，都據實訂正，直陳其失。如對漢學祖師鄭康成，還有清代前輩學者顧炎武、朱彝尊、胡渭、閻若璩等，他都十分尊重，然而對這些人在學術上的錯謬之處，也予據理駁正。爲此，其同輩友人王鳴盛寫信規勸其不要冒犯前哲，而大昕則覆書說：「學問乃千秋事，訂

訛規過，非以訾毀前人，實以嘉惠後學」，況且「一事之失，無妨全體之善」，「去其一非，成其百是」，「且其言而誠誤耶，吾雖不言，後必有言之者，雖欲掩之，惡得而掩之！所慮者，古人本不誤，而吾從而誤駁之，此則無損於古人，而適以成吾之妄」（見錢大昕《答王西莊書》、《嘉定錢大昕全集》第九冊，第 603～604 頁）。錢氏的這些言論，反映了他的學術批評出發於「學問乃千秋事」，對學術事業負責態度，確乃眞知灼見。我想，對本書作者在書中對前哲時賢的爭鳴與批評，也能作如是觀。

順便還想提及的是，本書在「餘論」中，論述了「四庫館派與乾嘉考據學」，其中對於乾嘉考據學在派別劃分方面，提出了針對目前學界所持的「吳、皖兩派說」、「吳、皖、揚三派說」、「惠、戴、錢三派說」，均提出不盡相同的觀點，「試圖對乾嘉考據學派提出二分說，即民間學派與皇家學派（也稱四庫館派）。民間學派主要指在四庫館之前的考據學派，代表人物有惠棟、戴震、錢大昕等人。皇家學派得到清高宗支持，其代表性人物爲紀昀、陸錫熊等人」，並認爲「兩派在治學理念，治學方法上均有較大分歧」。這確是一種很新鮮的學術見解，四庫館被人稱爲「是漢學大本營」，研究四庫館與乾嘉考據學的關係，是一個很有意義的課題。但將乾嘉考據學分四庫館派與民間學派，在作者對一系列相關問題，尚未能作充分論證的情況下，我目前尚不能理解與苟同，因爲這涉及許多複雜問題，很難斷然結論，我感到此種看法尚須認眞斟酌和深入探索。

人生也有涯而知也無涯，學無止境，治學無盡。對於朝軍來說，已取得令人欣喜的成就，值得祝賀。但他在學術征程上，今後要走的路還很長，很遠，尚須堅毅跋涉，頑強攀登，直到高點。對此，過來人寄厚望矣！

2005 年 3 月 13 日凌晨寫於北京書香齋

《黃侃年譜》序

盧烈紅

　　司馬朝軍近撰成《黃侃年譜》一書，這實在是值得慶賀的一件事！付梓之際，出版社的易學金先生希望我能在書前就黃侃先生的主要學術成就做一簡介，以與年譜正文相配合，使讀者對黃侃先生的學術成就有一個整體的瞭解。我雖十分景仰黃侃先生的學術，又在先生曾長期任教的武漢大學求學、工作，算得上是章黃學派的傳人，但於先生的學術並沒有什麼研究，實在難以當此重任。然而一則覺得不便辜負諸君的信任，二則覺得這項工作對年輕學子閱讀此書確有必要，因此不揣淺陋，勉力為之。

　　黃侃與章太炎、劉師培並稱晚清三大國學大師。他博覽載籍，覃思精研，在小學、經學、哲學、文學諸領域都卓有建樹。尤其在小學方面，他遠紹漢唐，近承乾嘉，重師承而不為所囿，集前修之大成而多所獨創，在音韻、訓詁、文字三方面都取得了獨特的成就，為傳統語言文字學的發展作出了突出貢獻。

　　在音韻學方面，黃侃對古音和今音（中古音）都進行過深入研究，其古音學說自成體系，為學術界所重視。

　　黃侃的古音研究涉及聲、韻、調，他提出了「古韻二十八部說」、「古聲十九紐說」、「古音僅有平入二聲說」。

　　古韻二十八部說。清代古音之學昌明，顧炎武、江永、段玉裁、戴震、孔廣森、王念孫、江有誥、章太炎諸家都致力於周秦古韻的研究，各家分部互有不同。對《詩經》韻例認識不一致，對合韻看法不同，對入聲處理有異，是造成歧異的主要原因。黃侃從事古韻部研究，特點有三：①全面繼承和總結了宋鄭庠及清代諸家的古韻分部成果。他稱自己二十八部的設立「皆本昔

人，曾未以臆見加入」（《音略》），並在各部下一一標明某人所立。他說：「宋鄭庠肇分古韻爲六部，得其通轉之大界，而古韻究不若是之疏。爰逮清朝，有顧、江、戴、段諸人，畢世勤劬，各有啓悟；而戴君所得爲獨憂。本師章氏論古韻二十三部，最爲憭然。余復益以戴君所明，成爲二十八部。」（《音略》）在諸家古韻學說中斟酌取捨，博取眾長，是黃侃建立自己的古韻學說所依恃的一個重要方面，其中章太炎和戴震對他影響最大。②將古韻、今韻和等韻研究結合起來。他發現：「大抵古聲於等韻只具一、四等，從而《廣韻》韻部與一、四等相應者，必爲古本韻；不在一、四等者，必爲後來變韻。」（《爾雅略說》）他從《廣韻》中求得一、四等韻32個，這32韻中有四對韻（即痕魂、寒桓、歌戈、曷末）屬於開合口分韻，將開合口韻合併，於是得到古韻28部。③將考古與審音結合起來。古音學研究有考古派與審音派兩大派別，考古派主張古韻陰陽兩分，審音派主張陰陽入三分。黃侃在重視文獻材料的同時，十分注意「本之音理」（《音略》）。他繼承戴震重審音、陰陽入三分的做法，在章太炎二十三部的基礎上，加進了戴震所立的錫、鐸、屋、沃、德5個收—k尾的入聲韻部，於是，古韻陰陽入的相配趨於合理，上古語音的系統性昭然可見。總之，黃侃是集前修之大成，又經過自己深入的考證辨析，同時本之音理，從而形成了古韻二十八部說。他的古韻二十八部如下：

陰聲韻8部　　　歌　灰　齊　模　侯　蕭　豪　咍

陽聲韻10部　　　寒　痕　先　青　唐　東　冬　登　（以上8部收鼻）
　　　　　　　　覃　添　（以上2部收唇）

入聲韻10部　　　曷　沒　屑　錫　鐸　屋　沃　德　（以上8部收鼻）
　　　　　　　　合　帖　（以上2部收唇）

　　對黃侃的古韻學說，學術界評價不一。林語堂曾批評黃侃「古本韻」、「古本紐」之說是循環論證，錢玄同則稱：「截至現在爲止，當以黃氏二十八部之說爲最當。」〔註1〕現大多數學者對黃侃的古韻學說持基本肯定態度，尤其稱讚他將5個收—k尾入聲韻部獨立出來的貢獻。

　　古聲十九紐說。黃侃的古聲紐系統也是兼攬各家之長、加上自己的研究所得而建立的。他吸收錢大昕古無舌上、古無輕唇和章太炎娘日歸泥、影喻合一等說法，又遵從陳澧照系區分爲二的意見，將照系二等歸入精系、照系三等歸入端系，並群於溪，並邪於心，得19紐。他發現，這19紐在《廣韻》

<hr />

〔註1〕錢玄同：《古音二十八部音讀之假定》，《師大月刊》卅二週年紀念專號，1934。

中只在 28 個一、四等韻中出現，換句話說，《廣韻》28 個「古本韻」中只有這 19 個聲紐，因此他稱之為「古本紐」。十九紐如下：影（喻、為）、曉、匣；見、溪（群）、疑；端（知、照）、透（徹、穿、審）、定（澄、神、禪）、泥（娘、日）、來；精（莊）、清（初）、從（床）、心（邪、疏）；幫（非）、滂（敷）、并（奉）、明（微）。照系二等和照系三等分屬不同的古紐，這是學術界公認的黃侃對古紐研究的重大貢獻。

古音僅有平入二聲說。黃侃《音略·略例》說：「四聲，古無去聲，段君所說；今更知古無上聲，惟有平入而已。」他又撰《詩音上作平證》，舉《詩經》用韻平上二聲相押之例，計有一百三十來處，以證上聲作平，古只有平入二聲。

對中古音，聲類方面，黃侃早年「依陳澧說，附以己意，定為四十一。」（《音略》）這是在陳澧四十類的基礎上，將陳氏合為一類的明微分為兩類。後來他認為影、曉、見、溪、疑、來、精、清、從、心十紐應就其洪細各分兩類，遂改定中古聲類為五十一類。（《文字聲韻訓詁筆記》）韻類方面，他分析《廣韻》206 韻，分為陰、入、陽三大類型，共得 72 類 339 小類。

在訓詁學方面，黃侃對兩千多年來的訓詁實踐進行總結，輔以理論思考，第一次建立了初具規模的訓詁學理論體系，在訓詁學的發展過程中發揮了重要的承前啟後作用。同時，他研究古代訓詁專書，點校箋識古籍，進行了大量的訓詁實踐，成就斐然。

黃侃的訓詁學理論體系大致包含以下內容：訓詁學的對象，訓詁的方式，訓詁的類別，訓詁研究的原則和方法。

黃侃初步具有將訓詁與訓詁學區別開來的意識。他認為，訓詁是「用語言解釋語言」，「初無時地之限域」（《訓詁述略》），實包括以今語釋古語，以通語釋方言，以易懂的語言解釋難懂的語言（此屬以今語釋今語）。而「學」則必「有系統條理」（《文字聲韻訓詁筆記》），因此訓詁學作為「學」，就要就訓詁「論其法式，明其義例，以求語言文字之系統與根源」（《訓詁述略》）。這也就是說，訓詁學要研究訓詁的理論和常用的體式、方法、條例，從橫的方面求語言文字的系統，從縱的方面推求語詞根源。黃侃對訓詁學對象的這一規定，使訓詁學擺脫經學附庸的地位，取得了獨立的資格。

關於訓詁的方式，黃侃指出：「論其方式有三：一曰互訓，二曰義界，三曰推因。」（《文字聲韻訓詁筆記》）黃侃的「互訓」，實際上指的是「直訓」，

是用已知的詞來解釋不常見的詞。「義界」就是「以一句解一字之義」(《訓詁述略》),也就是用下定義的方式解說字義。「凡字不但求其義訓,且推其字義得聲之由來,謂之推因。」(《訓詁述略》)「推因」即以聲音爲線索推求語源。「互訓」和「義界」皆屬義訓,「推因」屬聲訓,歷代訓詁學家所使用的主要訓詁方式,由黃侃作出了科學的總結。

黃侃對訓詁的類別作出了理論概括。他指出,訓詁有「本有之訓詁」與「後起之訓詁」之別,「不明本有訓詁,不能說字;不知後起訓詁,則不能解文章而觀文爲說。」(《文字聲韻訓詁筆記》)所謂「本有之訓詁」,指的是對字詞本義的解釋,所謂「後起之訓詁」,指的是對字詞引申義的解釋。他還指出,訓詁又有「獨立之訓詁」與「隸屬之訓詁」之別、「說字之訓詁」與「解文之訓詁」之異(《文字聲韻訓詁筆記》)。大致說來,「獨立之訓詁」、「說字之訓詁」即「通釋語義」,是脫離具體語言環境,對字詞的概括意義進行訓釋;「隸屬之訓詁」、「解文之訓詁」即「隨文釋義」,是對特定語言環境中字詞具體意義的訓釋。黃侃對訓詁的分類,揭示了歷代訓詁材料的條理,爲當今學者所遵從。

如何從事訓詁工作,黃侃提出:「求訓詁之次序有三:一爲求證據,二爲求本字,三爲求語根。」(《文字聲韻訓詁筆記》)「小學必形、聲、義三者同時相依,不可分離,舉其一必有其二。清代小學家以聲音、訓詁打成一片,自王念孫始,外此則黃承吉。以文字、聲音、訓詁合而爲一,自章太炎始。由章氏之說,文字、聲韻始有系統條理之學。」(《文字聲韻訓詁筆記》)概括起來,黃侃提出的訓詁研究的原則方法有:字義訓釋必須先糾正誤字,弄清假借,求得本字;字義研究必須結合字形、字音,三者互求,互相證明;考求字義,必須重證據,要有文獻材料爲證,「以經證字,以字證經」(《文字聲韻訓詁筆記》);訓詁的最高境界是在字之本義已明的基礎上,進求字詞之根源,求語根。

對推因、求語根的語源學,黃侃極重視,他的語源學思想構成了較爲完整的體系。他上承師說,對「變易」、「孳乳」兩大條例作了詳細的說明和發揮,揭示了同源詞產生的兩大途徑:「孳乳」——以詞義分化爲基礎的分化造詞;「變易」——以詞義不變爲基礎的轉化造詞。他在複雜的語言文字現象中,發掘出一系列與語源問題相關的具體原理:聲符多兼義、聲符有假借、引申義可爲義源、相反同根等。他爲語源研究確定了一系列原則和方法:以聲音

貫串訓詁，但又不能將音義聯繫絕對化；既突破字形的束縛又儘量利用字形；源流並重，上下推求。

黃侃治學勤勉，努力從事訓詁實踐，他深入研究了《爾雅》、《小爾雅》、《方言》、《釋名》、《廣雅》等訓詁專著，點校箋識了大量的古籍。據《量守廬群書箋識》黃焯《前言》所稱，黃侃生平點校之書達數千卷，其施箋識者亦達數百卷。對《爾雅》，他用力至深，除撰寫了《爾雅略說》外，還在郝懿行《爾雅義疏》上加有識語十餘萬言。他對各類古籍的點校箋識，解決了大量疑難問題，識語中含有豐富的詞義研究成果。他留下的經他點校箋識的古籍，是留給我們的一筆寶貴遺產。

在文字學方面，黃侃一生致力於《說文解字》研究，他撰有《說文略說》等論文，又曾殫精竭力批校大徐本《說文解字》，在其上加有批語數十萬言。他提出了一些有價值的理論見解。他不再像古代學者那樣將語言與文字混為一談，而是清楚地看到文字與語言不是一回事：「語言先於文字」，「夫文字之生，後於語言，聲音既具，六書乃成。」（《文字聲韻訓詁筆記》）他認識到漢字的創制機制是據聲義而構形：「聲、義具而造形以表之，然後文字萌生。昔結繩之世，無字而有聲與義；書契之興，依聲義而構字形。」（《聲韻略說》）他提出了漢字發展的「筆意」、「筆勢」問題。他說：「古之為字有筆意可說與筆勢從變二科。」（《文字聲韻訓詁筆記》）所謂「筆意」，是指字形結構能體現出造字的原意；所謂「筆勢」，是指字形經過長時間的演變，日趨簡易，加以書法取姿，原有的筆意已經隱晦，使人無法看出點畫結構的意義。他指出：「不悉筆勢省變，而一點一畫求之，必至於妄說。」（《文字聲韻訓詁筆記》）他發現古文有一字兩用的現象，「蓋古文異字同體者多，同形異義者眾也。」（《文字聲韻訓詁筆記》）他創立了「聲母多音」之說。這裡的「聲母」，指的是形聲字的聲符。他說：「蓋太古造字記言，崇尚簡便，然字簡語複，文少義繁，於是聲母必多音矣。」（《文字聲韻訓詁筆記》）有些形聲字與它的聲符讀音迥異（如「配」與「己」），有些從同一聲符的形聲字相互之間讀音相差頗遠。這種差別如果是在聲母方面，複輔音說或可解釋，但如果差別主要在韻母，複輔音說就無能為力了。「聲母多音」之說為這種現象提供了一種頗有參考價值的解釋思路。據黃焯先生言，黃侃「創立聲母多音之論，曾以質之餘杭章君（太炎），章君深韙其說。」（《文字聲韻訓詁筆記》）

　　黃侃在大徐本《說文解字》上數十萬字的批語涉及很多方面，創獲良多。據黃焯《黃季剛先生遺著目錄》一文介紹〔註2〕，這些批語的內容主要有：一、推求每字語根及與他字音義連貫之理，以補章先生《文始》所未備。二、用聲韻條例證明許氏說解用字之眞諦。三、發明許書形體有借體、借聲、借義之例，及古籀有筆勢、筆意之例，而洞究造字之本原。四、證明許書所錄，孰爲古文，孰爲籀篆。五、推求形聲字得聲之由。六、考定九千文中聲母聲子。七、發明聲母多音之理。八、說明許書五百四十部中文字相次之故。九、校勘大徐所用反切，與《繫傳》及《廣韻》、《集韻》之異同，並標明每字屬古聲何類，古韻何部。十、備輯群經所用之字不見於許書者。十一、推求大徐新附字之本字。十二、羅列許書同意之字，以求訓詁之條貫。十三、用小徐本互勘，並採其義之精要者。十四、搜輯許書形體相從之字見於他部者。這些批語的一部分，經黃焯抽出編爲《說文同文》、《字通》、《說文新附考原》三種，合《說文段注小箋》成《說文箋識四種》，1983 年由上海古籍出版社出版，批校本本身也由上海古籍出版社於 1987 年以《黃侃手批說文解字》之名推出面世。

　　黃侃在經學、哲學、文學諸領域的成就也值得重視。經學方面，他曾拜劉師培爲師，對諸多經書進行過深入研究，有獨到的見解。這方面的成果現今出版的有《黃侃手批白文十三經》、《尚書孔傳參正箋識》（收在《量守廬群書箋識》中）、《禮學略說》、《講尚書條例》（以上二種收在《黃侃論學雜著》中）。哲學方面，他的《漢唐玄學論》論述中古時期玄學的源流和派別，見解多精闢。文學方面，他對古代文學理論的研究作出過重要貢獻，撰有《文心雕龍札記》、《詩品講疏》，前書開系統研究《文心雕龍》、進行理論闡發之端，至今影響不衰。他研究過不少作家作品，這方面的成果已出版的有《文選平點》、《李義山詩偶評》（收在《量守廬群書箋識》中）、《黃侃手批南宋四家律選》（湖北省圖書館 1985 年自印本）。他進行過大量的文學創作實踐，大約有詩 1550 餘首，詞 400 多首，文和賦近 200 篇。這些作品大都文筆優美，聲情並茂，是近代難得的優秀文言創作。

　　黃侃的學術思想當然也有一些局限，但他在各個領域的造詣和貢獻，使他堪稱一代大師。

〔註 2〕黃焯：《黃季剛先生遺著目錄》，《量守廬學記》，三聯書店 1985。

　　司馬朝軍君本科就讀於武漢大學中文系，我忝為他們年級的班主任，對他頗為瞭解。他那時就能潛心學術，於黃侃研究情有獨鍾，取得了令老師們讚賞的科研成果。後來，他師從曹之教授攻讀博士學位，學業大進，紮實的學風得到進一步強化。這部書達到了很高的學術水平，要之，有下列三個特點：一是資料豐富，所言信而有徵；二是考證縝密，所言準確度高；三是體例科學，眉目清晰。書作全面反映了黃侃先生的生平、為人、學術足跡，是黃侃研究的重要成果。它的出版，必將受到學術界的歡迎，對推進黃侃研究必將起到重大作用。

　　黃侃先生的學術博大精深，全面發掘、總結黃侃先生的學術成就，還需要我們繼續做出艱苦的努力。作為章黃學派重要基地之一的武漢大學理應在這方面多做工作，我願與本書作者共勉！

2005 年春於珞珈山

《黃侃年譜》序

楊逢彬

　　近日讀到司馬朝軍兄所撰的《黃侃年譜》，真是喜不自勝。16 年前，司馬兄還在武漢大學中文系念本科，課外刻苦研讀文史，他在文史方面的功力是有目共睹的。在校期間，兩次獲得黃侃語言文字學甲等、乙等獎學金，便可證明（那時這類獎學金多為研究生獲得，本科生獲此獎者，大約自司馬兄始）。當時他不斷地求教於古漢語教研室和古籍所的老師，並與相關專業的研究生切磋琢磨，給大家留下了深刻的印象。《黃侃年譜》之開始撰寫，大約就在那之前；因此說本書是「十年磨一劍」，殆有過之。

　　從武大畢業後，司馬兄在湖南省委機關工作過一段時間。在此期間，他既閱讀了大量文史名著，又利用工作之便，走訪了許多文化名人，為《黃侃年譜》的撰作收集了大量不可多得的史料。

　　每年寒、暑假，我由鄂返湘，所居省出版局宿舍與他所在單位的居所僅一牆之隔，晚飯後散步，輒走訪焉。一談及學問，司馬兄總是眉飛色舞，寵辱皆忘，因此我知道他是不宜長在機關工作的。

　　不久，他果然負笈北上，開始在武漢、上海攻讀博士學位及從事博士後研究，在復旦大學完成了博士後研究工作，又回到母校武漢大學，開始了教學與研究生涯，這樣我們又得以朝夕過從。最近，他所主持的國家社會科學基金項目被全國哲學社會科學規劃辦公室評為優秀成果，並受到通報表彰；他的博士論文、博士後出站報告也不斷地獲得同行專家一致好評，其博士論文入選著名的《東方歷史學術文庫》，已由社會科學文獻出版社公開出版；其博士後出站報告又被選入《武漢大學學術叢書》，即將出版。在此之前，我還沒有聽說有如此年輕的新教師的著作被列入武大這項權威叢書的。我十分瞭

解，司馬兄爲人忠厚而不太擅長於交際；他能迭獲殊榮，除了老師的幫助教導之外，便完全是嘔心瀝血的結果——不把書稿改得滿意，他是不肯拿去出版的。這部《黃侃年譜》之所以遲至今日才得以殺青，原因就在於此。

經常可以聽到這種喟歎：當今是一個浮躁之風勁吹的年代，許多人不願潛心研究而急於求成。誠哉斯言！但以中國之大，總有那麼一批願意埋頭苦幹的人。否則便不能解釋我們的科學技術和生產力何以越來越逼近發達國家。在哲學社會科學領域，甘坐冷板凳而鄙視投機取巧的也不乏其人。武漢大學古籍所的《故訓匯纂》撰寫群體和哲學學院翻譯康德三大批判的鄧曉芒、楊祖陶教授就是這樣的例子；而手頭這部《黃侃年譜》，也未嘗不可以說明這一事實。在民族復興與新啓蒙的大時代，這樣的人多多益善，他們就是魯迅先生所說的「脊樑」。

幼時長輩教我道，讀古人書，就是與古人當面談話。司馬兄長年與故去的碩學鴻儒對談，我因此理解他何以如此經年累月而樂此不疲。一方面，與古人神交，耳濡目染，默化潛移。如季剛先生之刻苦治學，「紮硬寨，打死戰」，學界有口皆碑。司馬兄長年浸染其中，寧無影響？古代志士仁人和前輩學者的亮節高風，能不薪火相傳？此所謂「染於蒼則蒼，染於黃則黃」。另一方面，與古人神交，不但是苦事，也是人生一大樂事。我們知道，看影視力作，感覺確實不錯，如同吃麥當勞、必勝客；而讀經千淘萬瀝披沙揀金之中外名著，則如同進入譚家院中、組庵府上，品茗嘗新，把酒話舊，佳餚畢至，馨香撲鼻，能不食指大動？司馬兄既有口福，宜其流連忘返了。

我想，黃季剛先生亦然。然乎？否乎？他師從太炎先生，幾十年刻苦治學，終成一代宗師，被譽爲清代小學的殿軍。他是如何取得如此成就的？他服膺哪些古人與故人？他讀書的甘苦何在？他又受到哪些人的影響？他與哪些人過從甚密？他與學界諸公的恩恩怨怨到底是怎麼回事？他的學術成就及學術以外的功績體現在哪些方面？時人及後人是如何看待他的？弄清這些，當然大有助於近現代史和學術史研究。研究者及一般讀者也當然可以去讀《量守廬日記》、《量守廬學記》等書，但一來此二書都不易找到；二來《日記》篇幅過大，讀者恐無此耐心，而《學記》提供的信息又相對集中，不能反映季剛先生一生的全貌；三來兼聽則明。現在司馬朝軍兄經過十幾年反覆搜求和打磨的《黃侃年譜》即將付梓，該書篇幅適中，又具有客觀性、準確性、資料性、可讀性四大特徵，此外還有許多斯編獨具而他書不備的優點。因具

見於《前言》，這裡就不一一列舉了。我敢於斷言，此書一經發行，必將引起廣大文史研究與愛好者的廣泛關注，不脛而走，風行海內。而作爲忝列武漢大學黃侃研究室副主任的在下，承蒙司馬兄不棄而命作序，實與有榮焉。

乙酉仲春長沙楊逢彬
撰於滬上魯迅墓北之賢達公寓

《文獻辨偽學研究》序

程水金

　　觀衢軒主人司馬朝軍兄素有辨偽之癖，適裒集近年所為關乎辨偽之作曰《文獻辨偽學研究》成，期予曰：「序之。」其始也，予不敢諾其使。所以者何？大凡為人作序者，太上曰大家，其次曰通人，其次曰名人。於學無所不窺，博綜賅洽；且自樹新義，足可雄視千古，開示來學，此大家也。學乏樹義，不足以名家，然博聞強記，多識草木鳥獸蟲魚；且小叩而大鳴，循循然善誘，斯為通人。至若名人，則無論知與不知，識與不識，咸聞其名。夫大家者，作之者聖也；通人者，述之者明也；名人者，炙手可熱也。故大家之序，述其學術源流，指其樹義得失，是有俾於世道人心者也。通人之序，程器指瘕，剔抉是非，亦於學問文章之道不無小補。名人之序，其為用則大矣哉！好惡臧否，不翅袞職斧鉞。倩名人撰序以為揄揚，即使覆瓿蓋醬之作，立生洛陽紙貴之效。倘若名人有所否責，亦不過如紹興周氏之所謂「阿七打了阿八，打的有名，被打的也託庇出了名」，斯亦殊途而同歸矣非邪？何況大有名之人，從來不與無名小輩為難，不僅有求必應，聽然而笑曰：「諾！」繼而搦翰構文，絕不忘卻「善哉，某子之某作也」！

　　予既非大家，自無樹義，固不能假序人之作以匡世。予亦非通人，腹笥甚儉，於疑古辨偽之學尤不得其門徑。先前有顧頡剛與錢玄同，遠宗兩宋而近祖康（有為）、崔（適），倡言疑古。晚近又有耆學碩士大扇「走出疑古時代」，前人所是者，一概而非之；前人所非者，又一概而是之。樊然淆亂，後進承學之士，惡能知其辨？惟其所以如此者，大抵或激於時流，或誘於勢利，不免各有所偏而不得其平，予終不敢苟信焉。是以予於觀衢之大著，不能置一辭，遑論序之云爾！且予又非名人，並無袞職斧鉞之效，於觀衢不能增其

光彩，壘其聲名。更何況觀衢之「四庫學」，自闢徑遂，無需假手他人以樹聲。是予之不欲承命也，不亦宜乎！

然則予之自違其衷而慨然許之者，亦有私焉。予於觀衢遠或為同姓，近亦為摯友。太史公曰：「昔在顓頊，命南正重以司天，北正黎以司地。唐虞之際，紹重黎之後，使復典之，至於夏商，故重黎氏世序天地。其在周，程伯休甫其後也。當周宣王時，失其守而為司馬氏。」司馬氏既為程伯休甫之後，則予與觀衢在周為同姓，有太史公之文為證，當無所疑焉。惜乎予之疏於考據，尤不善譜諜之學，未能確知觀衢之行輩。國人之於傳統，情有獨鍾者，莫過於宗族與譜諜，予亦自不能免俗。鄙諺不亦云乎：「打虎還須親兄弟，上陣猶靠父子兵！」予既與觀衢在周為同姓，又蒙觀衢之不棄，則作序之事豈可推而諉之！

是亦近之矣，然猶有惑焉。近有某「斷代工程」者，鳩集海內群儒，虛費府帑，傾動朝野，名震一時。然海內外諸君子尚有異同不齊之論，甚且微詞而後噴有煩言。是上古三代，茫昧無稽，豈虛言哉！乃太史公以一人之力，上起軒轅黃帝，下迄武帝太初，為《太史公書》，年代既綿渺，頭緒既紛繁，其所敘之事，豈容盡實？且處數千載之下，欲尚考古事，豈其易邪？縱使盡殫國庫之銀，窮竭國人之智，人人窮經，舉國掘地，未必能獲片石隻字以為證！古蹟尚在，猶可考之，辨之。倘若無跡可求，白茫茫一片，汝何從而考之，又何從而辨之？唯徒喚奈何而已。否則，非愚即誣也！

古人曰：「自天子至於庶人，未有不須友以成者。」又曰：「（故）舊則不可更釋，新交則非賢不友。」哲學系教授吳根友博士，中文系教授楊逢彬博士，歷史系教授楊華博士，心理學系教授師領先生，斯四子者，予之珞珈舊雨也。哲學系教授丁四新博士，圖書館學系教授司馬朝軍博士，予之珞珈新交也。斯六子者，皆好學深思，奮發有為之士，亦珞珈人文之後繼薪火也。而觀衢之淵雅博識，學有本原，予尤企而慕之，且相知猶恨其晚也。然亦有足樂者存焉。司馬兄之觀衢軒與予之顏樂齋不百步之遙，而夢園沽肆亦予與觀衢常顧之地。於「珞珈七子」例會之餘，相邀而對飲者，以觀衢為繁數也。其於臨風把盞之際，或與熙嘻以論古，或同怒罵而誚今。且時亦徜徉於湖山幽徑，共聽鳥噪蟬鳴而悅耳，相看花謝紅飛以娛目。其取友論學之樂，往返留連之勝，非吾道中之人，豈可盡知邪！

　　穀梁子曰：「就師學問無方，心志不通，身之罪也；心志既通，而名譽不聞，友之罪也。」予既非大家通人，於觀衢之學不能窺其崖略；予亦非聞人，於觀衢之名，尤不能增其分寸。是予之為人友也，其於古人之訓，徒能守其文而不克行其義也。是予之於觀衢，有愧焉爾！予之於珞珈六子者，亦有愧焉爾！

　　然則與人相友，固當以氣類相推轂，尤須以道義相切磋，是友之義也。且序之有體，亦當毋違。是以無論於友之義，抑或於序之體，其於觀衢之文，又不能無言也。是以予既三復其文，又屢案其義，知觀衢於辨偽之學，獨有會心也。尤其表彰明儒方以智「理」、「事」、「文」、「氣」、「時」、「變」之辨偽六法，斷斷乎其為行家知言之論也。然則愚意以為，疑古辨偽之學，方法固不可輕忽，乃辨者之心術，尤為要中之要也！無論辨偽辨真，其言公與不公，決之於其心正與不正，而所謂「胡八條」抑或「方六條」（見本書《明代辨偽四大家合論》），皆不與焉。縱觀吾國辨偽之史，其言公與不公，其心正與不正，於得失之際，間不容髮！

　　由是而論之，「務正學以言，無曲學以阿世」，轅固生之與公孫子，其人其時則云往矣，其言其事則有存焉，猶足以為後世之法戒而提撕來學也。予與觀衢存身於貞下未元之世，又不當以斯言共勉邪？是為序。

二○○五年九月廿八日
草於武昌珞珈山麓顏樂齋

《漢志諸子略通考》序

高華平

　　《漢書・藝文志》一書，對於治學之重要性，前人多已言之。張舜徽先生曾說：「余平生誘誨新進及所以自勵，恒謂讀漢人書，必須精熟數種以爲之綱。一曰《太史公記》，二曰《淮南王書》，三曰《漢書・藝文志》。……又必以《漢書・藝文志》溯學術之流派，明簿錄之體例。……如能反覆溫尋而有所得，以之爲學，則必有如荀卿所云：『若挈裘領，詘五指而頓之，順者不可勝數也。』」爲先秦及秦漢之學術者，可不勉哉！

　　只是《漢志》成書年代於今既久，載籍流傳中淆亂亡佚亦多，故後人欲藉此而尋繹先秦學術源流，多有不便。故歷代考證、注釋《漢志》之作，繼腫而出，成果累累。然此類著作數量既多，分佈亦廣，且尚有大量考證及論述文字並非以《漢志》考論專書形式出現，而是以讀書筆記等形式夾雜於學者的其他著述之間，故研究先秦文史者，如若取資參考，實不容易。今有武漢大學司馬朝軍教授，體察學者搜尋之苦，思欲有以解之，撰成《漢志諸子略通考》一書。是書所考論雖僅《漢志》之《諸子》一「略」，然有功於學界研究《漢志》及先秦學術者實鉅。我有幸先得《漢志諸子略通考》書稿而讀之，覺得是書在以下幾方面的成就和特點尤其突出：

　　其一，發凡起例，創新「通考」。對先秦諸子進行「通考」，前代之最著名者，當推孫德謙和蔣伯潛二氏之《諸子通考》。孫氏之書，並不依《漢志》體例而敘先秦諸子，而分諸子爲儒、道、法、名、墨、雜、兵七家，由總論與專論兩大部分，用中國傳統學術方法梳理諸子流變。蔣氏之書之所考論，初看亦似並不限於《漢志・諸子略》；然以實際言之，則亦未能涵蓋《漢志・諸子略》全部，而僅爲其中之著名人物與著作。今司馬教授《漢志諸子略通

考》則不然。是書對《漢志・諸子略》所著錄全部著作，不論其存佚主次，皆詳加考論，固已超逸孫、蔣二氏之《通考》矣。更爲重要的是，《漢志諸子略通考》凡考論諸子一書，必從「存佚著錄」、「學派歸屬」、「眞僞考辨」、「校讎源流」、「作者情況」、「學術大旨」等諸方面詳加考辨，以探明其著作流傳、學術淵源及思想宗旨。這一體例，誠較孫、蔣二氏《諸子通考》更爲全面，更爲清晰，邏輯分明。

其二，於歷代《漢志・諸子略》之論述，廣搜博採，頗顯文獻甄別之功。對《漢志・諸子略》之考論，見於前人《漢志》注疏或考證專書者，固不難取證；但於散見前人筆記及文集者，則非博覽群書，留心搜集，不能知其出處。今司馬教授《漢志諸子略通考》則正以此見長。其中除於古代各種知名或罕見筆記、文集中之材料盡行收集之外，著者對最新發現之出土文獻成果亦多予著錄。這就不僅使是書徵引文獻臻於全面和豐富，更可以保證其學術的前沿性。

其三，著者在是書之《通考》部分，在盡量吸收前人研究成果的基礎上，對先秦諸子各家各派的學術特點、源流及演變進行總結，力爭提出自己新的觀點和看法。如著者在經過梳理雜家發展歷史之後，提出了「雜家三期說」，認爲在經過前軸心時代之原典創制、軸心時代之諸子百家爭鳴之後，直到兩漢，此爲雜家第一期。自漢末佛教傳入中國，直到明清之際，爲雜家第二期。隨著西學東漸，中、西、印在更大的範圍、更高的層面展開新的碰撞融合，仍是雜家路線，則爲雜家第三期。故他認爲「在後軸心時代，中國文化發展的總體方向就是雜家化」。著者的這種看法，雖未必能爲學界所廣爲認同，然固不失不一家之言矣。

我與司馬朝軍教授相知多年，對他爲學的勤奮和認眞、以及他在四庫學方面的成就，十分欽佩。一日接司馬教授電話，告知近來完成《漢志諸子略通考》一書，囑我爲其作序。我自知才疏學淺，不足以充此任。且本人出版之書，基本都是無《序》的（博士論文出版時，出版社必須導師寫序者除外），甚至連《自序》也沒有。所以，我除了曾被迫爲自己指導的幾位博士生出版其博士論文作過《序》之外，從沒有過這方面的經驗。但司馬教授並不以此爲嫌。大概因爲我出過《先秦諸子與楚國諸子學》等幾本相關之書，非要我作此命題作文。我不好再作推辭，便寫下了以上這番話。

　　因爲是作序，在推介一書時未免要對該書作出一定的評價，如果只有讚揚，則可能有吹捧之嫌。如果這樣的話，那我是否可以建議著者，在吸收前人成果時，更多徵引一些現代以來研究先秦諸子之大家，如羅根澤等人的著作和他們的觀點呢？對於這一點，不知司馬教授以爲然否？

　　是爲序。

2016 年 12 月 6 日於武昌華大家園
（此序載《華中國學》2018 年春之卷）

《〈經解入門〉整理與研究》序

漆永祥

今年十月底，司馬朝軍教授專程自武漢來訪，甫一見面，他便從包中拿出厚厚的三冊書稿，鄭重交到我手上，然後抱拳躬腰說：「此書緣兄而起，當初整理《經解入門》時，亦曾留話請兄將來作序，今書稿已成，兄當捉筆以踐前言。」

這可讓我好生犯難，原因有二：一是以我的學問與資歷，尚未到動不動就給人撰序，說幾句不疼不癢話的程度；二是我昔年曾嚴斥俞樾抄襲江藩《經解入門》而成《古書疑義舉例》，惹出軒然大波，一時箭鏃四至，而司馬兄正是射箭者之一。這就像臉上有個大瘡疤，我儘量想塗脂抹粉遮蓋，卻被他又一次無情地刮開。但思來想去，我似乎也還有話可說，因為我與司馬兄正是緣於這場學術爭鳴而相識並成為摯友，所以就讓我來講講這個五味雜陳的故事吧。

1996年春，我正在焦頭爛額撰寫博士學位論文《乾嘉考據學研究》，寫到有關「古書通例歸納法」的問題時，曾參考過舊題清江藩所纂《經解入門》一書。讓我極感興趣的是，《經解入門》卷一「古書疑例」條，竟然與俞樾《古書疑義舉例》之大綱細目有著驚人的相似：稱名相同、著錄條例次序基本相同、條例細目名稱雷同、條例數目相當，而且江藩過逝時，俞樾僅為十歲之學童，勢不能獨造一書，然則《古書疑義舉例》為全襲江書而成，當無可疑。

我認為自己有驚天的發現，興奮莫名，用一夜時間撰成短文，投寄《中國語文》雜誌。此後即傾全力於《全宋詩》的整理，那時尚不用電腦，所寫稿件，多不自留底稿，此後大約有兩年左右的時間，因久無音訊，投稿一事，就忘得一乾二淨了。

　　到了 1999 年初，本專業碩士生谷建小師妹撰成《〈經解入門〉辨僞》一文，論此書是僞書。不久《中國語文》發表我的《俞樾〈古書疑義舉例〉係襲江藩〈經解入門〉而成》謬作，當時感覺可以用惶恐莫名來形容！旋不久，西北師範大學伏俊璉教授也大札賜教，論拙文之謬悠。此後在參加臺灣中央研究院文哲所主辦的「乾嘉經學研討會」上，我特就此文做了解釋並向學界致歉！又不久，就在《中國語文》上拜讀到了武漢大學司馬朝軍兄駁正拙文的大作。我感覺就像被反覆地啪啪抽臉，此正所謂「吾將長見笑於大方之家」了！

　　按理來說，我的專業是古典文獻，研究的方向是清代考據學，無論如何也不該犯如此莽撞的錯誤。那麼，我怎麼會如此糊塗而脆生生地上了大當而厚誣前賢呢？

　　首先當然是我學力不逮，用心不細，未認真推敲，發言太易。因爲《經解入門》之僞，前人已多有提及，我並未留意，也沒深究書中本身存在諸多矛盾。其次，是受誤本之害。我所持據的版本，是天津古籍書店 1990 年影印出版的方國瑜點校本，是書刪去了原書末馮德材《跋》等相關信息，而馮跋已「決其非先生（江藩）眞本」。假設我讀的是光緒十四年鴻寶齋石印本或其他版本的話，相信就不會有此大誤。這當然有推託責任之嫌，世上無有後悔藥，但也充分說明了選擇好的版本，對於一個研究者來說是多麼地重要！

　　此後在參加揚州大學舉辦的「清代揚州學派研討會」，以及在中國人民大學召開的「紀念馬建忠誕辰百年紀念會」上，我再二再三鄭重地向學界道歉，並且草成《讀書不謹的一次教訓——關於拙文〈俞樾古書疑義舉例係襲江藩經解入門而成〉之誤》，對自己的荒謬表示深刻的反省。當時參會的老前輩徐教授通鏘先生、胡教授明揚先生對我進行了勸慰，說年輕人敢於認錯，不加迴護，值得肯定，別背包袱。現兩位先生已歸道山，每每想到他們的溫語勵勖，仍令我心存感恩。

　　這場學術爭鳴消歇後，我以爲此案也就結了。但後來司馬兄說他正爲《經解入門》做進一步的辨僞與整理工作，在經過前後十餘年的艱辛梳理別辨後，終於形成了今日的《〈經解入門〉整理與研究》三冊大作。

　　司馬兄將這件辨僞官司掀了個底兒朝天，他將《經解入門》書中所有條目，搜根導委，一一注明抄襲來源。他先將全書之僞分成十類：即版本來歷不明，阮序不足爲憑，徐德材跋多不實之詞，書中多記江藩身後人事，多與

江氏歿後著述雷同，與江藩《漢學師承記》多相矛盾，與《古書疑義舉例》條例不盡相同，卷八附選之文皆僞，其書盛行於清末，學術分類思想與乾嘉時代不合等。在此基礎上逐條發其僞蹤，指出或抄自前代典籍如《經典釋文序錄》、《困學紀聞》、《直齋書錄解題》等，或抄自清朝諸家書籍若《日知錄》、《四庫全書總目》、《潛研堂文集》、《經義述聞》、《漢學師承記》、《經師經義目錄》、《古書疑義舉例》、《輶軒語》、《書目答問》、《皇清經解》、《學海堂集》等。作僞者前後抄撮之書達四十餘種，但辨僞者所搜檢之範圍，必十倍不止，由此可知司馬兄花費了多大的心力！

　　關於《經解入門》究竟是誰僞作，向有崔適、章太炎、繆荃孫三種說法，然均屬臆測。司馬兄以是書編者應爲《皇朝五經匯解》的編纂者——「抉經心室主人」凌賡颺。從前舉抄襲文章的材料來源看，《經解入門》的編纂者絕非一知半解的平平之輩，而是對清代經學有非常深入的瞭解，且謹守漢學，不雜他說，「耕餘主人」在刻《皇朝五經匯解》時，後附有《經解入門》。又凌賡颺《匯解》卷首有俞樾序，《經解入門》又抄自《古書疑義舉例》。所有這些同時出現，絕非偶然，故應爲刻書者嫌凌賡颺寂然無名，故嫁名江藩以達促銷其書的目的。司馬兄所舉新證，雖不能完全砸死夯實，但較前人崔、章、繆僞造說，可謂大大的有據了。

　　司馬兄在做完《經解入門》的辨僞工作後，對於此書的史料來源，已了然於心，接下來爲該書進行箋注，便水到渠成。他認爲這是一部內容充實的僞書，其材料的主要來源是清代學術名著，「將清初至晚清漢學諸大師的代表作冶於一爐，又作了若干改造加工，非常便於當時的初學者」。也就是說，《經解入門》固非江藩所纂，可是一旦辨清其爲僞書，也就瞬間翻身，證成其是一部眞書，更是一部好書，這也是司馬兄耗以時日箋注此書的美意良圖吧。

　　辨僞與箋注完成，司馬兄尚不罷手，而是將《經解入門》卷三《國朝治經諸儒》一節中所列舉的 202 位清代學者，上起顧炎武，下迄苗夔，先撰寫生平事蹟，再擇其經學研究相關資料與評論，本著知人論世的宗旨，仿《清儒學案》之例，編爲《〈國朝治經諸儒〉研究資料匯纂》，所謂「於主樓（指《經解入門》）之外，別建裙樓（指《研究資料匯纂》」。此既爲著述體例之創新，亦爲作者將來「編纂具有自家面貌的『經學學案』」儲材備料，對於研究清代學術的初學者而言，一冊在握，既便檢核，又有發蹤指示之功用。

　　司馬兄全書的創獲已揭示如上，其精義妙筌，讀者自可揣磨。捧讀之餘，求備賢者，尚略有吹索：一是關於《經解入門》的作僞者，司馬兄已指出可能爲凌曙颺所纂，但並未完全落實，如所謂「耕餘主人」究爲誰何？其與凌曙颺是什麼關係？似有進一步探究的必要。二是關於全稿的箋注，稍有過求其詳之嫌，一些常見詞匯似不必一一注出。三是《研究資料匯纂》部分，司馬兄於《檢論》、《清儒學案新編》徵引甚多，而上世紀至今百餘年來，清代學術研究已是碩果累累，但書中很少稱引，是所憾焉。

　　以上是我捧讀司馬兄《〈經解入門〉整理與研究》書稿的一些感觸，實際上不過是再翻翻我當年貽笑學界的故事，講講樂有諍友的感荷之情而已，何敢撰序也哉！

隴右漆永祥匆草於燕園人文學苑研究室
時丙申（2016）冬十月朔

附二　書評

四庫學根基的夯實之作
——《〈四庫全書總目〉研究》評介

王承略

　　在中國歷史上，沒有一部叢書能比上《四庫全書》的巨大規模和完整體系，也沒有一部叢書具有《四庫全書》的功利和政治色彩。《四庫全書》收書 3400 多種，規模空前，遍及四部，正是好大喜功的乾隆皇帝心目中的一部「儒藏」，是他認爲國家承平之後理所應當的文化作爲。他的目的無非是用文治粉飾太平，並借機耗磨漢族優秀知識分子的心智，根除在文化典籍中流露出的民族反抗意識。圍繞《四庫全書》的纂修，產生了中國目錄學的顛峰之作——《四庫全書總目》。在中國歷史上，同樣沒有一部書目具有《總目》般的龐大的學者撰述群體，高超的學術水平，以及鮮明的政治目的。自二書問世，迄今已兩個多世紀了，乾隆皇帝和他的御用文人（即四庫館臣）的政治用心、政治目的，早已成爲過眼雲煙，現在剩下的只有被當作文化遺產和學術史而研究的一部叢書和一部書目。然而正是因爲有太多的特殊性，這部叢書和書目至今影響深遠，並逐漸形成了一門以《四庫全書》和《總目》及其衍生物爲研究對象的專門學問——四庫學。

　　早在乾隆後期，隨著《四庫全書》分抄南北七閣及《總目》的問世，這引起了學者的廣泛關注，研究者、評論者、遵循者大有人在，四庫學遂告誕生。道咸以還，當七閣藏書見證了太多的戰爭，有毀有散、命運未卜之際，1924 年張元濟提出影印文淵閣《四庫全書》的建議，努力十年而未果，但最終導致了 1934 年至 1935 年《四庫全書珍本初集》和《影印四庫全書四種》的出版。80 年代，臺灣商務印書館把張元濟的願望變成了現實，極大刺激了四庫學研究的勃興。此後隨著研究素材的不斷擴張，四庫學愈發顯示出生命

力。《四庫全書存目叢書》（齊魯書社、臺灣莊嚴文化事業有限公司，1997 年）、《四庫全書存目叢書補編》（齊魯書社，2001 年）、《四庫禁燬書叢刊》（北京出版社，2000 年）、《四庫未收書輯刊》（北京出版社，2000 年）、《續修四庫全書》（上海古籍出版社，2002 年）相繼出版，不斷地把四庫學的研究推向深入。當前，北京商務印書館和國家圖書館合作，準備影印文津閣《四庫全書》，首先採擷其中清史資料精華，編爲《清史資料彙刊》出版，這不僅爲方興未艾的四庫學研究錦上添花，更通過與國家重大攻關課題的結合，顯示了四庫學廣闊的研究前景。

四庫學涉及的範圍固然很大，但從研究的重點來說，原始創作與典籍彙編畢竟有別。圍繞四庫學的研究，最原創的東西，莫過於《四庫全書總目》。所以，四庫學研究的重中之重，乃是對《總目》的研究。迄今爲止，學界研究《總目》，把重點放在了糾謬補缺方面，取得了一系列可喜的成果，如胡玉縉的《四庫全書總目提要補正》、余嘉錫的《四庫提要辯證》、崔富章的《四庫提要補正》、李裕民的《四庫提要訂誤》、楊武泉的《四庫全書總目辨誤》等等，都是頗有成就的力作，其他單篇的文章更不勝臚列。考據性的匡謬訂正的工作絕對是必須的，在以後相當長的一段時間裏，隨著文津閣、文瀾閣、文溯閣庫書的影印出版，這一工作還會有所加強。除辯證訂誤外，從文獻學學科理論的高度，對《總目》加以研究，在目前來說，尤須格外關注。作爲封建時代古典書目的典範，《總目》的學術方法值得總結，從而凸顯出其理論價值，爲當今文獻學學科建設服務。司馬朝軍博士的《〈四庫全書總目〉研究》，正是一部獨闢蹊徑的適時之作。

要想對《總目》進行系統深刻的研究，應具備以下條件。第一，要有與《總目》基本相匹配的知識量。因爲這一點太難做到，所以許多年來，儘管人們普遍地認識到對《總目》作總體研究的迫切性，然而竟無人措手。不少人斤斤於《總目》的某一方面內容，亦不過淺嘗輒止。第二，要有足夠的古典文獻學素養。《總目》涉及到幾乎所有的古典文獻學分支學科，如果不能熟知文獻學的理論與方法，要對《總目》進行總體研究，只能屬於紙上談兵。第三，研究者要有堅韌不拔的意志。首先把 200 卷書認眞研讀，做大量的筆記或卡片，然後分門別類，進行窮盡式的細緻入微的材料分析，最後才能得出結論。若不能沉下心來，甘坐數年冷板凳，就只能望而卻步了。第四，研究者要有客觀的平和的心態。《總目》牽扯到無數的學者和學派，館臣的評價

難成定論。這就要求研究者採取實事求是的態度，不作故意的拔高，不作人爲的貶低，不受館臣的是非影響，不發奇特偏激之論，一切以考據、實證爲基礎，得出確實合理的結論。值得慶幸的是，司馬朝軍正是符合這四個條件的人。他本科階段學習中國語言文學專業，博士階段又師從曹之先生學習古典文獻學，又在復旦大學中國語言文學博士後流動站工作兩年，轉益多師，博覽群書，特別是對學問孜孜以求，淡薄名利，心平氣和，幾至物我兩忘之境界，在學林中早已傳爲佳話。當人們不無擔心近十多年來學風頹敗，將成爲學術史上的污點，我們聊可寬慰地說，這十多年畢竟也造就出了一批像司馬朝軍這樣的人才。

提到《〈四庫全書總目〉研究》的高明之處，不禁想起十年前的一段學術糾紛。上世紀 90 年代初，《四庫全書存目叢書》編纂伊始，因對四庫存目書學術價值的認識不同，導致了學術界對是否出版《四庫全書存目叢書》的激烈爭論。兩派你來我往，各有所見，但都未就紀昀這個當事人的意見探求本證，因而只是在外圍大動了一番干戈。司馬朝軍未能趕上當年的學術爭論，但他在十多年後，卻找到了解決爭論的關鍵所在。他在《紀曉嵐文集》中發現了紀昀本人對這一問題的重要看法。紀曉嵐《張爲主客圖序》曰：「夫儒者識見，繫乎學問之淺深。吾黨十年以前所詆訶，十年後再取閱之，帖然悔者不少矣。又安知愜吾意者必是，不愜吾意者必非耶？」紀昀不愧是一個隨著學問長進而敢於不斷自我否定的大家，他的話就成爲後來評價存目書最客觀的標準。司馬朝軍很聰敏地模擬其語氣，盡其言外之意，曰：「四庫著錄之書，雖愜吾意，未必盡是；存目之書，雖不愜吾意，未必盡非也。」如此理解，則所有的爭訟，自可平息矣。

關於《四庫全書總目》與紀昀的關係以及紀昀的作用，向來也是一樁學術公案。司馬朝軍經過細密的考據，徹底弄清了《總目》的纂修過程：《總目》的提要先由分纂官起草，現可考者有翁方綱、姚鼐、邵晉涵、餘集、戴震、劉權之、鄒炳泰、任大椿、周永年、張羲年等人撰寫初稿；分纂官完成以後，由總纂官潤色，總纂官主要有紀昀、陸錫熊、孫士毅三位，另外還有王太岳；總纂官潤色以後，由總裁官裁定，特別是于敏中，用書信方式反覆與陸錫熊、紀昀討論纂修事宜；最後由乾隆欽定。這四個環節缺一不可。可見《總目》是官撰而非私修，是集體創作而非一人所爲。把《總目》視爲紀昀的個人著作，甚至以《總目》爲根據，論述紀昀的學術思想，無疑都是錯誤的。

作爲乾嘉考據學的顛峰時期的代表作，《總目》的考據方法最值得清理和借鑒。司馬朝軍以此項研究爲重中之重，可謂目光如炬。《總目》的考據方法遍及全書，恰如散錢滿屋而未能繩牽條貫。司馬朝軍左右探獲，融會貫通，遂能一線穿之，成爲全書最大的亮點之一。他首次從孤證、僞證、臆證、疑證、誤證、明證、物證七個方面歸納 29 條例，把後人頂禮膜拜的乾嘉考據學的研究方法揭櫫無遺。這些方法大都科學嚴謹，直到今天對學術研究仍有指導意義。難能可貴的是，司馬朝軍不時有「令人萬分欣喜」的發現，例如《蔡中郎集》提要曰：「難以史所未載，斷其事之必無。」可見《總目》非常明確地反對使用默證法。傅斯年 1927 年左右寫給顧頡剛的信中曾直言不諱地批評其濫用默證，說：「找出證據來者，可斷其爲有；不曾找出證據來者，亦不可斷其爲無。」傅氏的表述，與《總目》如出一轍。我們不能斷定傅氏受《總目》影響與否，但《總目》早在兩個多世紀以前對默證法的批評，有助於我們深入理解《總目》在考據方法上的審慎和精密。考據學能夠在乾嘉走向輝煌，是決非偶然的。

《四庫全書總目》到底著錄了多少種《永樂大典》輯本，向來亦眾說紛紜。前人往往只留意《總目》書名下的版本項，約略統計，便貿然得出結論，但這種做法是靠不住的。司馬朝軍不辭辛勞，從提要本身探求內證，細緻考辨，得出了新的結論：經部 73 種，史部 43 種，子部 102 種，集部 175 種，總 392 種。這不由得使我們想起《總目》類書類存目著錄《永樂大典》，提要說自《大典》裒輯成書者，爲經部 66 種，史部 41 種，子部 103 種，集部 175 種，難道《提要》所稱是錯的？今有司馬朝軍的細密考證，我們可以斷定《大典》提要並不準確。《總目》本身的提要尚且不能令人相信，可見《總目》留給後人太多的疑惑和遺案。《〈四庫全書總目〉研究》的問世，使眾多的疑惑得以冰釋，這就爲四庫學打下了牢固的根基。

書中從正反兩方面總結《總目》的善本觀，分八大類抽繹《總目》辨僞32 條例，又動輒做細密透徹的個案分析，皆顯示了作者精湛的學術功力和深厚的文獻學修養。當然《〈四庫全書總目〉研究》也有其不足之處。《總目》本以辨章學術、考鏡源流爲主要特色，所謂學術源流，不僅僅表現在書中著力闡發的分類學、目錄學、版本學、辨僞學、輯佚學、考據學等方面，更在於對學術思想史的論述以及對眾多的學派和學人的評價。若能在再版時補進一章《〈四庫全書總目〉與中國學術思想史》，則本書會更加名副其實，更加

蔚爲壯觀。如果這一章篇幅太大，也可以另成專書，姑留此作爲我們對司馬朝軍的新的期待。

〔全文已在東方歷史文庫網站首發，又見於《文匯讀書週報》2006 年 2 月 24 日〕

《〈四庫全書總目〉編纂考》評介

吳根友

作爲清代前期的帝王，乾隆在中國文化史上僅以他倡議編纂的《四庫全書》及其《四庫全書總目》，就已經留下了難以說盡的話題。如果從政治的角度看，他也做出了業績。其核心標誌就是他通過編纂《四庫全書》與《總目》，完成了用政統取代道統的文化專制業績。這是我在讀完司馬朝軍《〈四庫全書總目〉編纂考》（以下簡稱《〈總目〉編纂考》）一書後獲得的直觀感想。

從學術史的角度看，該書提出的一些觀點非常具有學術價值。有關《四庫全書總目》的編纂問題，學術史上的主流傾向大都把其主要功勞歸於紀昀一人。然而，讀罷該書，你會徹底地改變這一看法，並認同司馬先生的觀點：現行的《總目》其實是名副其實的集體作品，而且是反映了乾隆皇帝個人政治意圖的一部學術性的目錄學著作。因此，《〈總目〉編纂考》至少還有如下的學術貢獻：

第一，發掘了很多編纂學者在《總目》成書過程中的功績，揭示了《總目》成書歷史眞相，如像總纂官陸錫熊等人對於《總目》一書的貢獻，以往研究《總目》的人多有忽略。第二，有助於澄清若干學術公案，如戴震在四庫館中的作用，戴震與《水經注》的關係，有助於看清戴震在乾嘉學術中的實際作用。近百年的學術界絕大多數人都認爲，《總目》中的經部提要皆出由戴震主持，天文算法類提要皆出於戴震之手。但經作者的仔細考評，《總目》「經部屬之戴東原」的說法「純屬虛構」。而「天文算法類提要皆出於戴震之手」的說法亦缺乏「堅實的證據」。在作者看來，「戴震在四庫館中主要貢獻是校勘、輯佚《永樂大典》，對於《總目》的貢獻可能不太大」（氏著第 13 頁）。尤其值得注意的是，作者考定「《水經注》的提要基本上是根據清高宗的旨意

重擬而成的」（氏著第 18 頁），因此，學術史上最為著名的一段公案——戴震的《水經注》抄襲問題，也就不攻自破。第三，提出了足資深入討論的重大學術問題，即作者提出，要從乾嘉考據學派中分出「四庫館派」，從而挑戰以往有關乾嘉學派的「吳派皖派」的二分法，以及「吳派皖派揚州派」的三分法。

從思想史的角度看，該書的出版以更加具體而翔實的史料，證實了乾隆皇帝對於《總目》的決定性影響。從而更加顯豁地證實了乾隆皇帝編纂《總目》的文化意圖及其政治意圖。首先，作者從《總目》的綱目，到帝王著作編例，再到《總目》的體例，各種著作的去取原則，存目根據等五個方面，詳細地論證了乾隆皇帝本人對《總目》的決定性影響。其次，通過對乾隆《聖諭》，特別是對《進表》的細緻入微的分析，揭示了乾隆對《總目》編纂全過程的影響，最後又通過對乾隆的詩文、總纂官紀昀的詩文分析，旁證乾隆對《總目》編纂深入骨髓的影響，可謂精細入微，體現了作者殫思竭慮的求真精神。該書也有助於理解清代考據學如何逐步取得一種社會效應，最終在社會思潮上取代宋明理學。通過閱讀《〈總目〉編纂考》一書，切實地知道了乾隆皇帝在《總目》編纂過程中的主導作用及《總目》編纂的目的，從而深刻地體會到考據學為何能夠從民間少數學者的學術活動變成一種具有社會運動形式的學術風潮（不是思潮）。正是從這一角度說，我比較認同司馬先生所說的：有一個四庫館的考據學派存在。

然而，相對於同時代法國的啟蒙思想家群體而言，四庫館派的儒家人士同樣是一場聲勢浩大的文化運動，其社會效果不說截然相反，但卻是非常的不同！「啟蒙運動」迎來了社會革命與近代科學研究的繁榮，而考據學運動的形成，雖然帶來了有限的思想解放作用，但不可能帶來社會變革與近代科學技術的繁榮。

作為一部七十多萬字的大著，其中存留有一些值得進一步討論的說法非常正常。大約是由於作者太重視了《總目》的漢學立場，而相對忽視了集體編纂著作的公允性特色，因而對現存《總目》中異於初稿的一些評論性語言的分析有失客觀性，這在有關姚鼐一章中表現得最為明顯。其一，該書作者在對比姚鼐與現存《總目》對《鄭東谷易翼傳》的評價時說：姚鼐的原稿在於表彰鄭汝諧「能推明程子之說，似亦有識者。」「而《總目》突然調轉方向，矛頭直指程朱」。可是作者所引的《總目》文字並看不出批評程朱的意思。如

所引的《總目》文字是這樣的：「朱子解經，於程子亦多所改定。蓋聖賢精義，愈闡愈深，沉潛先儒之說，其有合者疏通之，其未合於心者，別抒所見以發明之，於先儒乃有功。是固不必守一先生之言，徒爲門戶之見也。」這段文字至多表明現存《總目》作者欲借朱子之權威，爲新思想的合理性進行論證而已。其二，在該書中作者認爲，現存《總目》在評價朱子的《論語或問》與《孟子或問》時，「窮追猛打，抓住朱子的辮子不放，以子之矛攻子之盾，從而達到貶低宋學的目的」。但從所引的文獻看，現存《總目》只是比較客觀地敘述了《四書集注》與《四書或問》的不同，雖然不同於姚鼐的歌頌口吻，但並沒有過多的批判意思在其中。在我看來，恰好體現了作爲集體著作的現存《總目》的立場比較客觀。

〔原載《中華讀書報》2006 年 2 月 8 日〕

十八年努力・勘破一部質量精湛的僞書

謝貴安

司馬朝軍：《〈經解入門〉整理與研究》，武漢大學出版社
2017 年 4 月出版，1320 頁，188.00 元

　　人們總用「人心不古」來形容後人名利心重，不如古人心地純樸。的確，在西漢以前，人們缺乏名利之義，對待著述沒有強烈的權利觀念，當然也就沒有明確的署名意識。古人著書的目的，是為了讓它流傳，至於是否署自己的名字，並不重要。於是，古代就出現了這麼一種現象，就是自己的著作不署己名，而託上古名人之名。中國古代的著名醫學著作《黃帝內經》，便託名黃帝所作；「十三經」之一的周朝職官制度之書《周禮》，便託名周公。有些古書散佚後，有人耗費精力偽造一部傳世，也不是為了出名，當然也就沒有利益。

　　中國上古出現的偽名和偽書，常常出於公心，至少沒有名利之心。然而，隨著社會經濟的發展，「世風日下」，「人心不古」，人們開始追逐名利，不僅將自己的著作置上自己的名字，而且還將別人的著作攘奪過來署上己名，使得偽書和偽名的形式有了新的變化。這種將他人之書署上己名的做法，是為了名，然而還有另一種奇特的現象，便是有人炮製偽書，並不是為了名，而是為了利。這種現象的推動者，往往就是牟利的書商。他們拼湊成偽書，署上著名人物的大名，並不是「捨己為人」，而是為了假託名人之名而讓圖書暢銷，自己則在背地裏大發橫財。晚明時有人便常常偽造圖書，署上著名思想家李贄等人的大名，以促銷謀利。這種現象，在晚清時仍再發生。其中一部署名江藩的《經解入門》的圖書，在市場上暢銷，同時也給學術史帶來了混亂。到底這部書是著名漢學家江藩所作，還是一部偽書，令人莫衷一是。

　　俗語說，「魔高一尺，道高一丈」。有偽書的炮製，便會有辨偽學出現。辨偽學緣起於兩漢，發展於唐宋元明。至清代，辨偽學開始興盛，成為文獻考據學的重要分支，出現了姚際恒《古今偽書考》這樣的專著。辨偽學在清代興盛有諸多原因，但就其學術內在的發展而言，則與清代學術講求「言必有徵」的學術規範，以及清代學者倡導「毋剿說，毋雷同」的學術道德密不可分。民國時，梁啓超又撰成《古書真偽及其年代》，張心澂則出版了《偽書通考》等辨偽學著作。

　　司馬朝軍教授長期研究辨偽之學，早在 2008 年便在武漢大學出版社出版了《文獻辨偽學研究》專著。自上世紀末他就開始關注《經解入門》一書的真偽問題，先後發表系列文章，對《經解入門》展開辨偽。通過十八年不懈努力，在這些論文的基礎上，對相關成果加以系統梳理，司馬教授撰成《〈經解入門〉整理與研究》，最終證明《經解入門》是晚清書商剪輯而成的一部偽

書，只是借江藩之名行世而已。是著考據精湛，足稱定讞，改變了《經解入門》問世以來給經學研究和國學普及帶來的混亂局面，堪稱近年來文獻辨僞學領域的一部力作。

如果是一般濫製濫造的僞書，證僞以後棄之不顧就可以了。然而，《經解入門》卻是一部質量精湛的僞書，因爲它採擷了顧炎武、朱彝尊、閻若璩、錢大昕、王念孫等巨匠的學術精華，條目清楚，文字簡明，內容充實，編排得當，是一部提綱挈領的經學教科書。對此，就不能視而不見了。於是，司馬朝軍教授便對是書作了整理，撰成《〈經解入門〉整理與研究》一書，分爲三編：上編爲箋注，對《經解入門》原書做了簡要的注釋；下編爲辨僞，經過詳細比勘一一注明抄襲來源；外編是據《經解入門》卷三《國朝治經諸儒第十六》一篇所列清代經學家名錄，編纂的一部清代經學家資料彙編，將兩百零二位學者的有關經義資料匯輯成編，可以目爲清儒經學的學案。可見，《〈經解入門〉整理與研究》實際上是由三本既相關聯又相對獨立的書組成，拆分後可徑稱爲《經解入門箋注》《經解入門辨僞》和《清儒經學學案》，足見內容的豐富和份量的厚重。

書中《前言》部分從版本來歷不明、阮序不足爲憑、徐跋多不實之詞、多記江氏身後人事、多與江氏歿後著述雷同、與《國朝漢學師承記》多相矛盾、與《古書疑義舉例》條例不盡相同、卷八附選之文皆僞、盛行於清末、學術分類思想與乾嘉時代不合等十個方面，全方位、多角度地論述了《經解入門》並非江藩編纂，而出於後人僞撰。

在下編「《經解入門》辨僞」部分，司馬教授更是逐條考證《經解入門》抄襲來源，還原僞撰者的作僞過程與手段，並將少數「查無出處」的條目作爲「待質錄」予以附錄，既示「闕疑」之義，亦以望與同道共克難關。

尤其值得稱道的，是作者對《經解入門》編者的考辨，他首先認爲：「《經解入門》並非什麼專著，而是一部資料彙編，準確地說，它沒有眞正作者，只有編者。……此書的正式編者極有可能就是《皇朝五經匯解》的編纂者——『抉經心室主人』。」（《前言》，第 13 頁）並根據王應憲博士的考證，將「抉經心室主人」的眞實身份鎖定爲晚清鴻文書局主人凌賡颺。可以說，該書很好地完成了對這部舊題「甘泉江藩纂」的《經解入門》的辨僞工作。

《經解入門》一書雖被徹底證僞，但作者並未因此就否定其存在的價值，而是認爲：「只要我們善於辨別眞僞，去僞存眞，《經解入門》仍不失爲值得

一讀的入門之作」（《前言》，第 16 頁），將其視為便於當時初學者研習經學的入門書。

《經解入門》雖然是研習經學的入門讀物，但其中涉及的術語、人物、著作等是比較專門的，對當代經學初學者仍有一定難度，所以，上編「《經解入門》箋注」部分對全書做了系統的整理注解。「箋注」部分主要是對《經解入門》中的疑難字句、特殊名詞，以及涉及的經學家、經學著作、經學問題的注解，全面完整，事無鉅細，為讀者提供了一個研讀《經解入門》的重要版本。可以說，本書的上、下兩編，融文獻整理與文獻辨偽於一體，二者相得益彰，既證明了《經解入門》為偽書的歷史事實，又提升了該書在研習經學方面的現實價值。

《經解入門・國朝治經諸儒第十六》一篇雖抄《書目答問・國朝著述諸家姓名略》而來，但該名單從專門漢學、漢宋兼採、小學家三個角度收錄清代經學學者，基本囊括了清代主要的經學家，具有重要的經學史意義。所以，司馬教授又據《國朝治經諸儒》所列清代經學家名錄，以輯錄體形式，廣採文集、史傳、方志、書目、學案、筆記、詩話、年譜、譜牒、詞典等材料，編成外編「《國朝治經諸儒》研究資料匯纂」，外編「既是相對獨立的一大部分，也與《經解入門》行為表裏——正編側重於經學概論，屬於共時層面；外編側重於經學史，屬於歷時層面」（第 439 頁）。這樣，此「研究資料彙編」就已具有「經學學案」的性質，如能假以時日，在此基礎之上刪繁增要，再作調整，精益求精，必能形成一部獨具特色的《清代經學學案》。

在《〈經解入門〉整理與研究》一書中，作者不但將《經解入門》徹底證偽，更是努力發掘其學術價值，不致使這部便於初學的經學入門讀物因「偽書」的身份而受人冷落。由此可見，作者撰寫此書，雖因文獻辨偽而起，但其最終成果已不再局限於辨偽，而是借助對《經解入門》一書的整理、研究，通過箋注、辨偽、資料彙編的形式，為經學的學習與研究，提供了一條重要的途徑。

〔原載《澎湃新聞・上海書評》2018-04-23〕

辨偽存眞　更新利用——
《〈經解入門〉整理與研究》評介

李　科

　　鑒別史料眞偽，一直以來都是中國傳統學術包括經學、史學、文學、哲學等領域的研究所必須具備的一項基本技能和要求，同時也是這些領域的研究能夠得以順利展開並取得可靠成果的前提。郭沫若在《十批判書・古代研究的自我批判》即指出：「無論做任何研究，材料的鑒別是最必要的基礎階段。材料不夠，固然不成問題，而材料的眞偽或時代性如未規定清楚，那比缺乏材料更加危險。因爲材料缺乏，頂多得不出結論而已，而材料不正確，便會得出錯誤的結論。這樣的結論，比沒有更要有害。」傳統中國社會，古籍的構成和流傳情況相當複雜，古籍的眞偽情況也是複雜多樣，與之相應的辨偽之學也萌芽甚早，在劉向、劉歆校訂群書時，即有意識注意書籍的眞偽之辨，今天從班固《漢書・藝文志》各條目的簡短解題中尚可窺見一二。在中唐以後，隨著疑辨思潮的逐漸興起，出現了柳宗元等對群書眞偽的考辨，歷經宋元明清以迄近代，辨偽學有了巨大的發展，辨偽理論和辨偽方法得到了不斷地完善，如明代胡應麟提出了辨偽八法，對辨偽學具有綱領性意義，近代的梁啓超、胡適等又進一步補充完善；同時辨偽學的實踐成就也越來越多，一些具有學術史意義的經典辨偽著作如胡渭《易圖明辨》、閻若璩《尚書古文疏證》、惠棟《古文尚書考》、姚際恒《古今偽書考》、孫志祖《家語疏證》、王國維《今本竹書紀年疏證》等陸續誕生，使得一大批偽書無處遁形。縱觀整個辨偽學史，辨偽的對象主要是唐以前的古籍，而對明清以來的偽書卻關注較少，辨偽的成果也明顯不足。隨著學界對明清時期思想學術研究的深入，

明清時期的一些偽書逐漸成爲學術研究進一步深入的絆腳石，甚至因爲對一些偽書的眞偽問題認識不足而產生了一些學術爭鳴。其中比較典型的就是1999 年以來，圍繞署名江藩的《經解入門》的眞偽問題而產生的學術爭論。爲此，我們應該對明清以來的偽書加以關注，並對在學術史上有一定影響的偽書進行系統考辨，以爲明清學術的研究掃清障礙。司馬朝軍教授的《〈經解入門〉整理與研究》就是一部關於《經解入門》辨偽的集大成著作，在辨偽方法、偽書材料的鑒別與再利用等方面，都爲明清以來的文獻辨偽樹立了範示。

1999 年北京大學中文系漆永祥教授因據誤本《經解入門》而在《中國語文》1999 年第 1 期發表了《俞樾〈古書疑義舉例〉係襲江藩〈經解入門〉而成》一文後，拉開了關於《經解入門》眞偽問題的爭論，其後司馬朝軍教授、傅傑教授、伏俊璉教授、谷建博士等先後參與到爭論之中。自此以後，司馬朝軍教授便投入到近廿年的《經解入門》辨偽與箋注工作之中，成《〈經解入門〉整理與研究》三巨冊二百餘萬言。作者廣搜博覽，探賾索隱，不僅通過系統還原其史料來源以考辨《經解入門》一書的眞偽，而且恰當評估偽書內容的價值，箋注全書，並據《經解入門》卷三《國朝治經諸儒》所列的 202 位清代經學家而輯錄其相關傳記、論說等資料編成《〈國朝治經諸儒〉研究資料彙編》，三部分相互補充，使得《經解入門》一書更新再生，獲得了比原書更大的學術價值。筆者在閱讀此書過程中，覺得全書的價值和特點可以從如下四個大的方面加以考察。

一、辨偽方法的綜合實踐

《〈經解入門〉整理與研究》一書，其基礎是建立在《經解入門》的辨偽之上的，因此辨偽方法是否得當直接關係到辨偽結論是否經得起推敲，進而會影響到《經解入門》一書的後續研究。同時，如何看待偽書，也決定著對定性爲偽書的材料如何使用。司馬朝軍教授《經解入門》在辨偽方面，實際上是對傳統辨偽方法的一次綜合性實踐；而在對偽書材料的鑒別與更新再利用方面，也是一次有益的嘗試和示範。

關於辨偽方法，前人總結較多，其中最有代表性的是胡應麟在《四部正訛》中提出的「辨偽八法」，其後雖然梁啓超在《中國歷史研究法》中歸納了「辨偽十二公例」，胡適在《中國哲學史大綱》中歸納出審定史料眞偽的五種

證據，大體亦在「辨僞八法」之中。司馬朝軍教授對《經解入門》一書的辨僞正是對前人辨僞方法的一次綜合性實踐。根據《〈經解入門〉整理與研究》的《前言》可知，作者從版本來歷不明、阮序不足爲憑、徐跋多不實之詞、多記江氏身後人事、多與江氏歿後著述雷同、與《古書疑義舉例》條例不盡相同、卷八附選之文皆僞、盛行於清末、學術分類思想與乾嘉時代不合等十個方面來審定《經解入門》之僞，並且考證出編纂者爲「抉經心室主人」凌賡颺，基本上將胡應麟、梁啓超、胡適等所總結的各辨僞方法加以綜合利用了。由此，《經解入門》之僞可爲定論。但作者並未止步於此，而是「在此基礎上逐條發其僞蹤」，並指明其作僞的技法。因此，此書辨僞在綜合利用傳統辨僞方法之外，還有如下兩個突出特點：

第一，**稽考剿襲材料之來源**。──稽考僞書所剿襲之材料來源，是一種非常紮實的考訂古書眞僞的做法。清代惠棟撰《古文尚書考》即用此法，「取僞古《尚書》之事實文句，一一疏其所出，而梅書之僞益明」（王國維《今本竹書紀年疏證序》，《觀堂集林（外二種）》，石家莊：河北教育出版社，2003年，第 708 頁），其後孫志祖考辨《孔子家語》之僞亦用此法，陳鱣謂其「猶捕盜者之獲得眞臟矣」（陳鱣《簡莊詩文鈔》卷二《家語疏證敍》，清光緒刻本）。至近代，王國維辨《今本竹書紀年》亦用「惠、孫二家法，一一求其所出，始知今本所載，殆無一不襲他書」（王國維《今本竹書紀年疏證序》，《觀堂集林（外二種）》，第 708 頁）。司馬朝軍教授《經解入門》之辨僞，正是承惠、孫、王三家之法，對《經解入門》一書所依據的史料，一一加以稽考，注明抄襲來源，如「群經緣始」條抄自《禮記》、《初學記》、《考古類編》、《困學紀聞》、《日知錄》、《經典釋文敍錄》，「群經辨僞」條抄自《輶軒語》、《四庫全書總目》，「歷代石經源流」條抄自《石經補考》、《困學紀聞》、《榆墩集》、《古今釋疑》等書，可謂是窮委竟源，搜討無遺。根據《〈經解入門〉辨僞》各條所列出的抄襲來源，《經解入門》所抄襲的書籍有《禮記》、《說文解字》、《經典釋文》、《初學記》、《爾雅注疏》、《直齋書錄解題》、《困學紀聞》、《鶴林玉露》、《升菴集》、《焦氏筆乘》、《日知錄》、《經義考》、《音論》、《古文尚書疏證》《考古類編》、《四庫全書總目》、《潛研堂文集》、《六書音均表》、《經義述聞》、《說文釋例》、《國朝經師經義目錄》、《輶軒語》、《學海堂二集》、《學海堂三集》、《古書疑義舉例》、《皇清經解》等四十餘種前代及清代的著作。

　　第二，詳細揭示其作偽技法。司馬朝軍教授在揭示出《經解入門》的抄襲來源之後，並對《經解入門》原文與所據材料進行詳細對比，分析並揭示出了編者的作偽技法。筆者在閱讀此書過程中，略加歸納，大概有兩大手法：其一，直接抄襲，或略加刪改，時或加以作者敷衍之文。例如「歷代經學廢興」條，「全部抄自江藩《國朝漢學師承記》之自序，僅刪去末段」（第 272 頁）。又如「歷代書籍制度」條，「將《江村銷夏錄序》、《漢唐以來書籍制度考》二文的主體部分綴合爲一，又在《江村銷夏錄序》之間插入『誠以書籍制度，代有不同，不知其制，無以考簡冊之長短，文字之得失。三代之際，皆用方策』一段扣題文字，而『三代之際，皆用方策』與《漢唐以來書籍制度考》開頭語『三代之書，皆用方策』只差一字，因此將兩篇文章巧妙地縫合起來」（第 279 頁），這種看似乾淨利落、不留痕跡的作偽方式，反而給了辨偽者以順藤摸瓜的機會。又如「南北經術流派」一篇「完全抄自《六朝經術流派論》，僅有幾處文字點竄，如改『南北朝』爲『六朝』，改『義』爲『誼』」（第 307 頁）。又如「經與緯相表裏」一條，「與金鶚《緯候不起於哀平辨》有著驚人的相似之處，僅在文末加以斷語，……另外文字上稍加點竄，……改動極少，均爲扣題之筆」（第 322 頁）。其二，或隱括所據之材料，或抄襲觀點，時或綴以作者自擬之文，如「群經辨異」條抄襲《經典釋文》的手法即係隱括其文，並「對原有材料作了改寫，並歸納了條例」（第 243 頁）。又如「群經辨偽」條「主要觀點抄自《輶軒語》，大部分段落係隱括《四庫全書總目》而成」（第 245 頁）。又如「解經不可虛造」條，「『虛造』二字襲自張之洞《輶軒語·語學第二》『訓詁有四忌』條之第二條『向壁虛造』，然後援引許慎《說文解字敘》，敷衍成文」（第 383 頁）。分析歸納作偽技法，一方面可以積累辨偽經驗，另一方面也可以考察偽書所據材料的竄改情況，對於辨偽後重詁偽書價值，是必不可少的工作。

二、偽書的更新利用

　　司馬朝軍教授通過鉤稽《經解入門》的史料來源，分析編者作偽的技法，並從十個方面斷定此書爲偽書，從單純的辨偽角度來說，似乎工作已經做完了。但是眞偽問題其實是相對的，重審偽書價值，去偽存眞，是比辨偽本身更有價值的事情。陳寅恪在《馮友蘭〈中國哲學史〉上冊審查報告》中有精闢的論述，說：「然眞偽者，不過相對問題，而最要在能審定偽材料之時代及

作者，而利用之。蓋僞材料亦有時與眞材料同一可貴。如某種僞材料，若徑認爲其所依託之時代及作者之眞產物，固不可也。但能考出其作僞時代及作者，即據以說明此時代及作者之思想，則變爲一眞材料矣。」（《金明館叢稿二編》，第 248 頁）事實上，作者已經意識到了這個問題，所以在稽考《經解入門》的史料來源和揭示其作僞技法過程中頗注意對僞書所據材料的核定和對本書價值的評估，認爲：「儘管《經解入門》是一部僞書，但是它仍然有其存在的價值。因爲它的主要來源是清代特別是乾嘉以降的幾部學術名著，即《日知錄》、《經義述聞》、《漢學師承記》、《國朝經師經義目錄》、《石經考異》、《古書疑義舉例》、《書目問答》、《輶軒語》等等。雖然《經解入門》抄襲他作，但也頗費心力。……全書篇幅不大，文字通俗易懂，條目秩如，將清初至晚清漢學諸大師的代表作冶於一爐，又作了一點點改造加工，非常便於當時的初學者。」（《前言》，第 16 頁）由此，在辨別眞僞，去僞存眞的基礎上，《經解入門》得以更新再利用。在考定《經解入門》材料和重詁其價值過程中，筆者覺得有兩點值得關注：

第一，**對《經解入門》抄襲材料進行再考辨**。如「《歷代石經源流》抄自《石經補考》、《困學紀聞》、《榆墩集》、《古今釋疑》」條，在指明《歷代石經源流》後段是「抄自清徐世溥《榆墩集》卷四《跋石經》」（第 275 頁）之後，又在結論部分指出「後半部分直接抄自《古今釋疑》，間接抄自《榆墩集》。《古今釋疑》在抄《榆墩集》時略有刪改，並有訛誤，而本篇竟然與《古今釋疑》完全相同，連錯字都沒有改正」（第 276 頁）。這裡不僅指明了本條材料的原始出處，還指出其抄襲的直接出處，同時也辨明了《古今釋疑》這部分的材料來源，對於我們認識《古今釋疑》的史源也提供了線索。同時，通過比對《歷代石經源流》後段全部繼承《古今釋疑》抄《榆墩集》時的刪改和錯字，更有力證明了《經解入門》的剿襲事實。又如「《兩漢經傳諸儒》抄自《經典釋文敘錄》、《國朝經師經義目錄》」條，辨僞者認爲「《兩漢經傳諸儒》篇近抄《國朝經師經義目錄》，遠襲《經典釋文敘錄·注解傳述人》。其實，江藩《國朝經師經義目錄》、焦袁熹《儒林譜》等，也不過是《經典釋文敘錄·注解傳述人》的翻版。……江藩既仿《經典釋文》之例，又有自己的取捨標準」（第 294 頁）。這種對《經解入門》所據史料的再考辨，既是從史源角度追究最早出處，同時也是對史料價值的一種審定和重詁。

第二，**辨僞兼明學術源流**。如「《古有六書》抄自《說文釋例》」條（第 365～371 頁），辨僞者通過翻檢文獻，發現《經解入門》之《古有六書》篇「抄

自王筠《說文釋例》卷一《六書總論》」，其實就辨僞而言，已足以明僞書之剿襲依傍。但是辨僞者並未就此止步，而是進一步指出「《六書總論》大致包括兩大觀點，一爲『六書三耦說』，一爲『四體二用』說，但均非王筠首創」，並考辨此二說之學術源流。其中「六書三耦說」爲宋代徐鍇《說文繫傳》首次提出，「四體二用」說爲戴震在《答江愼修先生論小學書》中最先提出，並得到了清代《說文》大家段玉裁、桂馥、朱駿聲、王筠等人的支持，並被王筠《六書總論》所採納。又如「《不可作固執之談》抄自《輶軒語》」條（第389頁），辨僞者在指出「《不可作固執之談》篇的基本觀點抄自張之洞《輶軒語》」後，又舉胡承珙《求是堂文集》卷三《與朱邨書》、徐鼒《讀書雜釋》卷十一「始作俑者」條以說明「治經須博通」的觀點也是清儒治學的共識。通過於辨僞中明其所依傍之學術觀點的學術源流，對於還僞書材料與思想的眞實時代與歸屬非常重要，如此方可使僞書中的材料和學說得以更新利用。

事實上，這兩方面在《經解入門》的辨僞中並不多見，但是可以發現辨僞者在辨僞過程中已經有意識地對《經解入門》一書的更新利用作了準備，對箋注《經解入門》全書也算是一種探索和嘗試。以既有的成果來看，這兩方面的內容還可與《經解入門箋注》前後互觀，有相須之效。

三、箋注與「辨章學術，考鏡源流」

箋注《經解入門》是對其書辨僞後更新利用的第一個表現。古書之注釋，自兩漢以來，注經爲大宗，傳、注、箋、集解、義疏各體皆備，是歷來箋注古籍所取法的對象。魏、晉、隋、唐以來史注漸興，音義、補遺二體兼備且逐漸合一，如裴松之《三國志注》、班固《漢書注》、李賢《後漢書注》、胡三省《資治通鑒注》等，亦蔚爲大觀。自李善《文選注》以後，詩文別集之注釋，亦頗盛。然經書注解重在音義和闡釋經義，史書注解重在音義和考補史事、地理、典章，詩文集的注釋則重在音義、典故、本事和藝術評價，雖然可以爲箋注具有學術概論和學術史性質的《經解入門》提供借鑒，如注音釋義方面，但二者又有很大的不同。事實上，箋注《經解入門》這樣具有學術概論和學術史性質的著作，除注音釋義外，還應該注重辨析學術觀點、梳理學術源流，即引入目錄學中「辨章學術，考鏡源流」的概念。司馬朝軍教授的《經解入門箋注》，正是考慮到了在箋注中「辨章學術，考鏡源流」。何以言之？我們可以從兩方面來舉例分析：

　　第一、對學術觀點、著述的辨析評述。《經解入門》作爲一部「爲經學之陳途，吾道之津梁」，「俾學者淺深求之，而各得其正者」（《敘言》，第4頁）的經學入門之書，其中學術觀點之正確與否，關係到示以後學治學門徑之正確與否。但是《經解入門》作爲一部書商剿襲各家之文並嫁名江藩以求增加銷量的僞書，在內容上因襲取的各家學術觀點不盡一致甚至有矛盾之處，加之受編者時代及自身學術觀點的限制，一些內容恐並非符合今天學術的要求，因此司馬朝軍教授在箋注此書時，頗注意辨析其中的學術觀點，賡續其是，辯駁其非。例如卷三《漢宋門戶異同第十五》，《經解入門》根據「漢儒釋經皆有師法」，宋儒「凡事皆決於理，理有不合，即捨古訓而妄出以己意」，認爲「此漢宋二家之所以異，而經學之所以不取宋儒也」，「學者治經宗漢儒，立身宗宋儒，則兩得矣」（第66～67頁），箋注者針對漢宋門戶之見，於箋注中的「今按」、「又按」中分別引徐敬修《經學常識》第四章《治經之方法》第二節《今後吾人治經之方法》第二條（今按：徐敬修《經學常識》亦抄襲葉德輝《經學通誥》，司馬教授另有專文討論）、江瑔《新體經學講義》第六章《古今經學流派之大別》第四節《漢學宋學之別》關於漢宋門戶之見的論辯，示人以「考據義理，二者相須，不可偏廢」之理。又如卷六《不可有騎牆之見第四十三》認爲「解經者，當審擇精當，衷於一是，羅列群說，加以辯駁」，而不能爲「調停兩可，不能自主」的騎牆之見，作者在箋注中引陸隴其《四書講義困勉錄》卷二、王懋竑《白田雜著》卷三、朱一新《無邪堂答問》卷四等對騎牆之見的批評而贊成《經解入門》之說，以爲「無論是漢學家，還是宋學家，也無論是今文經學家，還是古文經學家，無不反對騎牆之見」（以上見第176頁）。又如同卷《門徑不可不清第四十五》，箋注者在《經解入門》之說基礎上，於「附錄」中備列龔自珍《定盦全集》文集補編卷四《與江子屏箋》、孫寶瑄《忘山廬日記》、沈垚《落帆樓文集》卷八外集二、俞樾《春在堂雜文》五編卷七《顧詠植西崖經說序》等關於治經門徑之論述，認爲「再高明的門徑書都難免有所誤導，因爲天下並沒有包治百病的靈丹妙藥。初學者首先需要認清門徑，由此升堂入室，又當掃除門徑，自立門戶，以免終生寄人籬下」（第177～178頁），可謂發人深省。箋注者既指出門徑的重要性，同時又告誡不可拘泥於前人所論之門徑。此外如卷三《近儒說經得失第十七》箋注者於書中所列清代各家經說著述，一一引據《四庫全書總目》及相關序跋題記對各家之書的優劣得失進行評論，統合正文與箋注，可將之

視爲清儒經學要籍的解題目錄。又卷四《經與經相表里第十八》、《經與緯相表里第十九》、《經與子相表里第二十》、《經與史相表里第二十一》各篇,一方面引據各家論說以贊辨相關表裏之說,另一方面對正文中所舉各經書、緯書、子書、史書亦多引相關序跋提要,並間下己意以辨析評論。

第二,對學術源流的梳理。漢儒經學講究師法家法,清代漢學家亦追慕漢之師法家法,宋儒所講的道統,後世所謂的師承,以今天的學術眼光來看,都可以將之歸爲一種學術傳統,這種流傳中的學術傳統,無論是學術觀點還是治學方法,必有源有流,如果梳理清楚其源流,那麼學術傳承過程中的承襲與變通也就一目了然,於源流之中把握學術傳承中的承襲與變通,那麼各家治學之門徑、學術觀點和治學方法之優劣得失就自然可以了然於胸。因此,對於箋注一部像《經解入門》這樣的經學入門之作來說,梳理相關學術源流,更有利於發揮此書「爲治經者開其先路」(《凡例》,第 5 頁)的作用。筆者在閱讀此書過程中,發現箋注者已經注意到了此點,書中很多地方都有意識地引用相關文獻以梳理相關學術源流。例如卷五《有訓詁之學第三十四》後,箋注者於「附錄」中引《二程遺書》卷一八、宋黃震《黃氏日鈔》卷四九「儒學傳」條、宋林光朝《艾軒集》卷四、宋滕珙《經濟文衡後集》卷一二《答劉淳叟》、宋俞琰《書齋夜話》卷四、元郝經《郝文忠公陵川文集》卷一九《辨微論》之「經史」篇、元胡炳文《雲峰集》卷二《明復齋記》、明魏校《莊渠遺書》卷一一《與鄧魯別紙》等宋元諸儒關於訓詁及相關學術分類的論說,以見「清代學者有關學術分類的話題是接著前人的說法往下講」(第 166～167 頁),以明元、明、清以來有關訓詁學和相關學術分類的源流,同時也具有示人不分漢宋門戶之義。又如《經解入門》卷六「解經不尙新奇第三十六」,箋注者於「即或有子部之言,及隋以前說家之書可證,然怪誕荒謬,皆於經旨無當,雖有證亦不尙」(第 171 頁)下,即引張之洞《輶軒語・語學第二》「讀子以通經」條以明「以子證經」的淵源,並加按語云「正統經學家反對以子證經,晚清諸子學復興,此法遂行」(第 171 頁),以點出晚清「以子證經」之流,盡張之洞未盡之言,與原文、箋注引張之洞之言構成了完整的有關經學研究中「以子證經」的源流。又如同條,箋注者在「蓋經爲三代之文,解經者即說三代之語,安得以新奇自喜,矜爲心得乎?大凡學解經者,讀書不多,見理不足,往往好立新說,以爲醒目。不知此是說經第一大病」(第 171 頁)下,歷引劉秉章《十三經注疏校勘記識語序》、《朱子語類》卷八七、明

張泰《滄洲詩集》卷三《讀書》、明周子文《藝藪談宗》卷二、清高廷珍輯《東林書院志》卷六、陳啓源《毛詩稽古編》卷一《敘例》、張之洞《創建尊經書院記》、宋滕琪輯《經濟文衡後集》卷一七「論漢儒最善說經」、《六經奧論》卷三、羅澤南《姚江學辨》卷二、王嗣槐《桂山堂詩文選》卷五《明經學》中的相關內容，以明自宋以來各家關於「解經不尚新奇」之說的論述，將此學術觀點的源流歷史地呈現出來，使讀者一目了然，且在末尾加按語云「上引各參皆旨在闡明『解經不尚新奇』，今人力主創新，已不明『此是說經第一大病』」（第171～172頁），讀之令人反思當下傳統學術研究中過分求新之弊。凡此之類甚多，皆引人深思，令人茅塞頓開。

四、於主樓之外別建裙樓

　　《〈國朝治經諸儒〉研究資料匯纂》作爲《〈經解入門〉整理與研究》的外編，是《經解入門》辨僞後更新利用的又一成果。《國朝治經諸儒》原爲《經解入門》卷三的一節，除首一段爲作僞者模擬江藩口氣影撰外，其餘部分全抄自《書目問答·國朝著述諸家姓名略》，列舉了自顧炎武以迄苗夔共202位清代學者。司馬朝軍教授不以其僞而棄之，反而依據本篇所列名單及順序，本著「讀其書，知其人，論其事」（第439頁）的宗旨，輯錄有關文集、史傳、方志、學案、筆記、詩話、年譜、譜牒及辭典等文獻中的相關資料，按先述生平事蹟、次述學術研究、最後評價按斷的順序，將相關資料順序編排，而成爲一部資料豐富、按語精闢的清代經學資料彙編。根據作者所說，《研究資料匯纂》「既是相對獨立的一大部分，也與《經解入門》相爲表裏」（《〈國朝治經諸儒〉研究資料匯纂·凡例》，第439頁）。所謂的「相對獨立的一部分」，是指此編爲作者擬撰《清代經學學案》的草案；所謂「與《經解入門》相爲表裏」，即「正編側重於經學概論，屬於共時層面；外面側重於經學史，屬於歷時層面」（第439頁）。如此，《經解入門箋注》、《〈經解入門〉辨僞》、《研究資料匯纂》則構成了一部彼此互補、相得益彰、內容豐富、兼具辨僞、經學概論、經學史意義的著作，誠如漆永祥教授《序》中所言，「對於研究清代學術的初學者而言，一冊在握，即便檢核，又有發蹤指示之功用」（《序》，第3頁）。

　　上述《〈國朝治經諸儒〉研究資料匯纂》的成就和價值，其實大多數讀者都能很明顯注意到，而筆者在閱讀過程中，覺得這部分的按語中有不少內容是值得學者尤其是初學者注意的。具體而言，可以歸納爲如下三個特點：

　　第一，不從陳說，提出新見。比如關於閻若璩，編者按語說：「閻若璩自江藩《國朝漢學師承記》之後就被認爲是清代漢學家第一人。這與雍正帝的嘉許有極大的關係。閻氏最爲人稱道的是他對《古文尚書》的辨僞，揚之者頗多溢美之詞，攻之者亦不乏其人。究其實，其學上承朱子之餘緒，下開疑古派之先河。疑古過勇，難辭其咎。現代學者對其辨僞工作尚存爭議，公案需要重新審理。」（第 457 頁）學者們在研究閻若璩時，更多從閻若璩《古文尚書疏證》在僞《古文尚書》及孔傳的辨僞史中的地位來考量閻若璩的學術地位，而對以雍正帝爲代表的官方對閻若璩學術的認可所帶來的影響認識不足。曹元弼在《古文尚書鄭氏注箋釋序》中就明確認爲「閻若璩以疏證古文，受世宗憲皇帝賞識，風氣益純茂淵懿，實事求是」（曹元弼《古文尚書鄭氏注箋釋》卷首，《續修四庫全書》第 53 冊，上海古籍出版社 1996 年版，第 453 頁上欄）。事實上，在當時的社會環境之下，雍正帝的嘉許對閻若璩學術地位的奠定可能起了更大的作用。又所謂「究其實，其學上承朱子之餘緒，下開疑古派之先河」云云，學者們更多是從清初反宋學的語境中去理解閻若璩辨僞《古文尚書》和孔傳，而沒有將閻若璩置於自朱子以來的學術史中考量。近現代中國疑古派在《古文尚書》及孔傳的問題上，大多是接著閻若璩以來的成果在講，但是同樣也是置身於疑古的語境之中來看待和評價閻若璩的辨僞及反對閻若璩者，因此對閻若璩不免揚之過甚，而對不同的聲音也疏於兼聽，以至於在今天關於閻若璩與《古文尚書》及孔傳的學術公案仍未得到很好的審理。又如「陳啓源」條下，編者按語說：「孔子述而不作，信而好古。唐、宋以降，疑古思潮可謂一波未平一波又起。降至晚近，疑古成風，蔑古立說。朱鶴齡云：『存其信而闕其疑，勿以今之似亂古之眞。』又曰：『苟求其是，必自信古始。』自今視之，可謂疑古派之砭石矣。又按：……朱氏經學因信古色彩比較濃厚，向來沒有得到學界的重視，今後似應得到重新認識。」（第 466 頁）在近百年的疑古思潮下，現在學者大多已經習慣了疑古的語境，因此往往將信古等同於泥古，對於傾向信古的學者關注不多，或評價不高。事實上，疑古必須建立在堅實的學術基礎之上，作爲千百年後之人去考察千百年前的事情，所據的材料多是碎片化的，多從今天的思維和立場出發，依據碎片化的材料來加以推測，因此更應該以「存其信而闕其疑」的態度來審愼考察，而不當「今之似亂古之眞」。對於像朱鶴齡這樣的學者，雖然考據不如乾嘉大儒精審，但是也不可以其信古色彩濃而忽視之。又如關於戴震，編

者在「又按」中說：「戴震《孟子字義疏證》頗具有原教旨主義色彩，其實較之程朱理學與陸王心學均相去甚遠。乾嘉之際，由理學轉向樸學，或曰哲學的語言學轉向，竊以爲是一種文化上的大倒退。戴震被拔高甚至被神化，這是現代學者製造的一大神話。戴震的歷史作用應當重新評價。清代學術史的中心人物是顧炎武而非戴震，戴震只是發揮了顧炎武學術中的一小部分，而忽略了其中最根本的東西。戴震從顧學中來，但遠沒有顧學的博大氣象與經世風采。」（第 694 頁）戴震在近代以來被神化，筆者以爲主要是出於兩大原因，一是因爲戴震的反理學色彩符合現代語境，一是因爲由小學通經的考據學成就。司馬教授從全新的角度提出要重新認識戴震及其學術，確實值得深長思之。

　　第二，**持論務求平允，戒偏頗怪異之論。**司馬教授在《研究資料匯纂》的按語中對於一些人物、學術觀點的評價，非常注重持論的平允，對傳統一些迂怪偏頗之說往往有意識去加以糾正，這對於初學而言，實導以正路。例如宋人鄭樵曾有「秦人焚經而經存，漢人窮經而經亡」之說，針對如此怪異之論，清代王爾膂曾加以駁斥，編者在「今按」中對王氏之駁持肯定意見，說：「王氏駁之甚當。王氏認爲，窮經以漢儒爲主，以六朝以下諸家之說爲輔；讀史以正史爲主，以外史爲旁證，持論甚醇正。清代文人大致分爲四類，即經世、義埋、考據、辭章。高明者一以貫之，儼然曠代大儒；兼有兩類以上者已不多見。王氏邃於正經正史，又有詩文集行世，於儒林之中，亦屬錚錚者矣。」（第 470 頁）此不僅駁鄭樵怪異之說而肯定王爾膂平允之論，實際上也可看出編者在學術上所持之態度。又如對於毛奇齡的評價，編者認爲：「毛奇齡學問駁雜，而自負者尤在經學。然好爲爭辯，他人所已言者，必力反其詞。如閻若璩撰《古文尚書疏證》，力證《古文尚書》之僞，奇齡乃力辯爲眞。性格好勝，所作《經問》指名攻駁者惟顧炎武、閻若璩、胡渭三人，自鄶以下無譏焉。西河根柢爲才士，並非樸學專家，著述甚夥，但粗枝大葉，不足以望亭林之項背。經學非其所長，人品亦爲時賢詬病，然於音律之學有獨到處，於陸王心學亦有一孔之見，不可完全抹殺。」（第 482 頁）毛奇齡在清代學術史中爭議頗多，貶之者過於苛，褒之者如阮元又過於抬高，而司馬教授此評論分析毛氏爲人性格及學術優劣得失，持論亦務在持平。凡此之類，對於初學者而言，皆爲醇正之論，避免偏執於一是一非而略其全體，以至於厚誣古人，貽誤來學。

　　第三，**留意現實關照，反思學術與人生**。學術史的意義，除了梳理出學術發展的歷史脈絡，還有一個重要的作用就是總結前人的經驗教訓，以指導當下的學術研究。因此，學術研究中也需要以史爲鑒，隨時總結反思當下的學術研究，在不斷地調整中推動學術的健康發展。司馬朝軍教授在《研究資料匯纂》的按語中也時有借清代學人學術的經驗教訓以關照現實的學術和人生。例如在「惠棟」條後的按語中即借乾嘉吳、皖二派之分以反思當下的治學風氣，如云：「乾嘉考據學向有吳、皖之分。吳派以惠棟爲宗，皖派以戴震爲祖。二派又有求古求是之別。近代以降，學人多揚皖抑吳，戴學被鼓吹爲正統學派之主流學術，戴震亦被拔高爲反理學之思想家。其實，就治學態度而論，更應該揚吳抑皖。經學歷來反對過度詮釋，反對穿鑿附會，更反對所謂的創新。我們不應以現代學術標準衡量古代學術，對經學尤其如此。」（第524頁）吳派學者多信古而趨於保守，其學術成就雖高，但鮮有驚人之論，初看平平無奇，而皖派學者則多以求是爲標準，對舊籍舊說勇改勇駁，且多能自圓其說，因此「高見」迭出，即如段玉裁《說文解字注》一書，於校勘、注釋即新見迭出，令人目不暇接，歎爲觀止，但是細心考究會發現，很多誤改誤說，正是「求是」之禍，且泯滅痕跡，反不如以顧廣圻爲代表之吳派校訂古籍審愼。今日學術界多強調創新，但創新應該是建立在紮實的學術基礎、豐富的學術訓練和審愼的學術態度之上，而非只依「腦洞大開」，爲創新而創新。司馬教授此段按語，大概正是爲補偏救弊而發。又如在「臧琳」部分的按語中，司馬教授指出：「乾嘉考據學派向以『實事求是』相標榜，但不少考據學家也做出了許多有悖於實事求是的荒唐事情。惠棟、戴震、紀昀諸人皆有造僞之嫌。臧庸僞造《經義雜記》託之高祖臧琳，又遍徵乾嘉諸老之序，爲一僞書貼上如此之多的護身符，而這些序文又無一不是別出心裁的絕妙好辭。」（第506頁）又如「臧庸」條下的按語中如是說：「漢學重家學與師承。臧庸身爲正統漢學家，居然僞造家學傳統，欺騙同代大師，結果弄巧成拙，貽笑學林。」（第511頁）又如「紀昀」條指出：「紀氏撰《孫氏唐韻考》，竟託之其父紀容舒，塞進《四庫全書》，監守自盜，亦爲近三百年學術史上一樁有名的作僞公案。乾嘉諸老中不少人物亦有污點難以洗清，令人扼腕不已。」（第621頁）此三條按語多就爲學與立身而發，所舉雖然爲往古之人，但於今天亦具警戒之意。

　　這一部分編者的按語雖然不多，但是對於我們準確把握其中每一位經學家的學術概況以及對當下的相關研究的鑒別，是具有提示作用的。事實上，

這部分中編者引用的章太炎《檢論》、楊向奎《清儒學案新編》及其他各家之論以評價總括一人之生平學術，也可以看作爲廣義的按語。這部分雖然非出自編者之口，但代表著編者的學術宗尚和學術判斷，正如《凡例》所說，「筆者發憤攻治中國近三百年學術史，博覽各家著述，尤服膺章太炎、楊向奎二大師之說，故於《檢論》、《清儒學案新編》二書引用甚夥」(《凡例》，第 439 頁)。所以此部分與標明「今按」、「又按」之按語合觀，可謂是編者「採銅於山」之後進行的初煉，但美中不足之處在於編者所下己意偏少，另外如漆永祥教授所說，對百餘年來章、楊二家之外的研究成果「很少稱引」(《序》，第 3 頁)，我們期待司馬教授將來對此加以改進與完善。

五、結語

綜上所述，司馬朝軍教授以近廿年之力完成的《〈經解入門〉整理與研究》三大巨冊，不僅綜合運用多種辨僞方法證明了《經解入門》是「抉經心室主人」凌塱颺僞作並託名江藩的僞書，了結了一樁學術公案，而且通過稽考作僞的史料來源、分析作僞手法，在此基礎上重新鑒定和評估僞書的價值，並箋注全書，使得《經解入門》得以更新再利用。在《經解入門》辨僞後的更新利用方面，司馬朝軍教授首先是對《經解入門》全書進行箋注，在吸收傳統經、史和集部注釋傳統的基礎上，於訓釋字詞、箋注典故、注明人物生平學術外，還根據《經解入門》兼有經學概論和經學史的特點，在箋注中有意識去辨析相關學術觀點、評價相關著述、梳理考辨學術源流，很大程度上豐富了本書的內容，使得此書成爲一部非常適合初學者的兼具經學概論與經學史的入門書籍。其次，司馬朝軍教授還依據本書卷三的《國朝治經諸儒》所收的 202 位清代治經學者而加以引申發揮，通過廣搜博覽，稽考每位學者的生平、學術資料，並引用前輩學者如章太炎、楊向奎等的相關論說加以總結評述，間下己意，或提出新見，或糾正迂怪之說，或觀照現實，從經學史的歷時的層面與《經解入門箋注》偏重經學概論的共時層面相爲表裏，相須爲用，最大程度發掘《經解入門》的學術價值。由此可見，以《〈經解入門〉整理與研究》一書作爲辨僞與僞書材料更新利用的典範之作，並非溢美。

〔原載《書目季刊》第 52 卷第 2 期，2018 年 9 月〕

清代經學史的別樣處理——讀司馬朝軍《〈經解入門〉整理與研究》有感

朱志先

摘　要：

　　司馬朝軍教授經過近二十年辛勤探研，撰成力作《〈經解入門〉整理與研究》，解決了《經解入門》的諸多疑案，考定其編纂者爲凌賡颺，並對《經解入門》進行了詳備的箋注、縝密的辨僞，系統梳理了清代經學諸儒的生平及其著述特點，可謂是對清代經學史別樣處理的成功範例。

關鍵詞：司馬朝軍；《〈經解入門〉整理與研究》；經學史

作者簡介：朱志先，歷史學博士，歷史學博士後，湖北科技學院人文與傳媒學院副教
　　　　　授，437005

　　筆者十餘年前撰寫博士論文《明人漢史學研究》時，涉及《四庫全書總目》對明代學問的評價，以及明代著述辨僞方面的內容，故而對司馬朝軍先生的相關著述研讀較多，受益良多。司馬先生在四庫學、文獻學、學術史等方面皆卓有建樹，成果豐碩，曾撰有《〈四庫全書總目〉研究》、《〈四庫全書總目〉編纂考》、《〈四庫全書總目〉精華錄》、《〈四庫全書〉與中國文化》、《續修四庫全書雜家類提要》、《文獻辨僞學研究》、《文獻學概論》、《子略校釋》、《日知錄解讀》、《日知錄匯校集釋》、《輶軒語詳注》、《黃侃年譜》、《黃侃評傳》、《國故新證》、《國故新衡》等數十種著述，主持《文獻辨僞書系》、《黃侃全集》、《章黃學派文庫》等重大學術工程。近日得讀司馬先生新著《〈經解入門〉整理與研究》（武漢大學出版社 2017 年版），煌煌三巨冊，深感其廣徵

博引，箋注詳深，辨駁入微，考證精細。因學識有限，難能對司馬先生大作有所評介，茲將讀後之感略表一二，以饗學界。

一、開篇系統辨真偽

《經解入門》八卷，原書題名江藩撰，卷中內容均以醒目標題顯示所論內容，諸如「群經緣始」、「群經源流」、「群經辨異」、「歷代經學興廢」、「南北經術流派」、「經與經相表裏」、「解經不尚新奇」等。周予同將其列為群經通論性質的著述，言其便於初學者使用〔註1〕。《經解入門》「文字淺顯，條目清晰，就其所抄各書而論，亦是名家所作，的確能起到指導治學門徑的作用」〔註2〕。「在今天還沒有一部好的《中國經學史》出現之前，此書與皮錫瑞《經學歷史》一樣，仍有助於學習者與研究者參考」〔註3〕。鑒於《經解入門》便於普及經學知識，頗受世人歡迎，從十九世紀末到二十世紀末，其刊印本有十餘種〔註4〕。不少學者將其列為江藩的學術成就〔註5〕，並以此研究江藩的學術思想。

但是，有關此書內容及其撰者，學界還是有不同觀點〔註6〕。如果不辨其真偽，以《經解入門》中相關內容來研究江藩的思想，豈不是張冠李戴？漆永祥教授較早發現《經解入門》與俞樾《古書疑義舉例》之間的關係，經過詳細辯駁，認為俞樾《古書疑義舉例》係因襲江藩而成〔註7〕。接著，司馬朝

〔註1〕周予同：《中國經學史講義》，上海文藝出版社1999年版，第5頁。

〔註2〕谷建：《〈經解入門〉辨偽》，《北京大學古文獻研究所集刊》（1），北京：燕山出版社1999年版，第420頁。

〔註3〕漆永祥：《讀書不謹的一次教訓——關於拙文俞樾〈古書疑義舉例〉係襲江藩〈經解入門〉而成之誤》，參見姚小平主編《〈馬氏文通〉與中國語言學史：首屆中國語言學史研討會文集》，外語教學與研究出版社2003年版，第292頁。

〔註4〕王應憲：《〈經解入門〉三題》，《傳統中國研究集刊》（第14輯），上海社會科學院出版社2016年版，第200～201頁。

〔註5〕按：諸如王樹民《曙庵文史續錄》（中華書局2004年版，第230頁）、史革新《晚清理學研究》（商務印書館2007年版，第92頁）。

〔註6〕按：閔爾昌《江子屏先生年譜》、周予同《漢學師承記注》、恒慕義《清代名人傳略》曾言及《經解入門》之偽（漆永祥《讀書不謹的一次教訓——關於拙文俞樾〈古書疑義舉例〉係襲江藩〈經解入門〉而成之誤》，參見姚小平主編《〈馬氏文通〉與中國語言學史：首屆中國語言學史研討會文集》，外語教學與研究出版社2003年版，第290頁。）

〔註7〕漆永祥：《俞樾〈古書疑義舉例〉係襲江藩〈經解入門〉而成》，《中國語文》1999年第1期。

軍教授從《經解入門》的版本、阮元所作《經解入門序》、《經解入門》多記江藩身後事、與江藩歿後著述多雷同等六個方面論析，指出《經解入門》係抄襲《古書疑義舉例》〔註8〕。與此同時，谷建博士的《〈經解入門〉辨偽》一文從《經解入門》著錄與版本情況、《敘言》破綻、記載舛誤及抄襲他書四個方面論析其為偽作〔註9〕。隨之，伏俊璉教授認為《經解入門》不是江藩之作，係崔適所作。〔註10〕傅傑教授經過考證得出《古書疑義舉例》襲《經解入門》說源自劉聲木〔註11〕。劉建臻教授從《經解入門》抄襲《經義述聞》、不明家學師承、學術分類混亂、記有身後之事四個方面論析其為偽作〔註12〕。王應憲博士的《〈經解入門〉三題》對《經解入門》的刊行情況、作者加以辨析，認為此書的作者應該是崔適。〔註13〕近二十年，學界圍繞《經解入門》的真偽及其作者紛紛展開辨析，可謂中國當代辨偽學史上的一道亮麗風景。其間，司馬朝軍教授於此書的辨偽著力最多，相繼刊發系列文章予以探究。

　　經過十多年的探研，司馬先生在《〈經解入門〉整理與研究》的前言部分，從十個方面分別論析《經解入門》的版本來歷不明、阮元所作序不足為憑、徐儀吉所為跋多不實之詞、多記江藩身後人事、多與江藩歿後著述雷同、與《國朝漢學師承記》所載多相矛盾、與俞樾《古書疑義舉例》條例不盡相同、卷八所附選文皆偽、未流行於清中葉而盛行於清末、學術分類思想與所處時代不合，在學界相關研究的基礎上，通過仔細的勘校比對，將《經解入門》係偽書一案坐實。尤其是論析「多與江氏歿後著述雷同」、「與《國朝漢學師承記》多相矛盾」〔註14〕，更是剖析入微，論辯有據。最後，逐條辨析學界

〔註8〕　司馬朝軍等：《俞樾〈古書疑義舉例〉係襲江藩〈經解入門〉而成嗎？——與漆永祥先生商榷》，《中國語文》1999年第5期。

〔註9〕　谷建：《〈經解入門〉辨偽》，《北京大學古文獻研究所集刊》（1），北京：燕山出版社1999年版，第406～420頁。

〔註10〕伏俊璉：《俞樾〈古書疑義舉例〉不是襲〈經解入門〉而成》，《古漢語研究》2000年第2期。

〔註11〕傅傑：《〈古書疑義舉例〉襲〈經解入門〉說的始作俑者》，見《聆嘉聲而響和》，華東師範大學出版社2001年版，第86～90頁。

〔註12〕劉建臻：《清代揚州學派經學研究》，江蘇人民出版社2004年版，第173～178頁。按：對於《經解入門》係偽作的諸種觀點，司馬朝軍、谷建等人均有所論析，遺憾的是劉教授該文卻未曾言及。

〔註13〕王應憲：《〈經解入門〉三題》，《傳統中國研究集刊》（第14輯），上海社會科學院出版社2016年版，第199～210頁。

〔註14〕司馬朝軍：《〈經解入門〉整理與研究》，武漢大學出版社2017年版，第5～8頁。按：下引該書只在文中夾註頁碼。

有關《經解入門》作者係崔適、章炳麟、繆荃孫之說的不妥，確定其眞正編者是晚清的凌膚颺，崔適可能參與相關編輯事務。

二、萬卷瑤編作鄭箋

注解之學，向自有之，裴松之《三國志注》、酈道元《水經注》、《世說新語注》、李善《文選注》及《史記》三家注等皆爲注解之名篇。對古籍如何注釋、箋注，馮浩菲先生的《中國古籍整理體式研究》一書論之甚詳〔註15〕。但是面對不同的古籍，整理者也會根據自己的理解及著述目的而箋注之，並非墨守某一成規。

《經解入門》卷一《注家有得有失》云「經非注不明，故治經必須研求古注。云注家者，舉凡釋經之書，若傳、若箋、若疏而賅言之也。然注家之得失不知，則胸中之去取無據，平日無所致力，臨時無所折衷」。司馬先生頗得注經之道，《〈經解入門〉整理與研究》中對《經解入門》的注解，主要包括四種形式。其一，腳注中著眼於版本，悉述不同版本之間的差異。如卷一「群經辨異」條「廣文本刊語云：『所說』疑當作『所記』」（第14頁）、卷四「說經必先通訓詁」條「『將』原本誤作『收』」、「『算法約數之率音類』原本誤作『算法約率音律之類』」（第143頁）；其二，箋注所佔篇幅居多，主要是對人名、著作、生僻字詞及特定詞語予以解釋，其中對著作的闡釋多參依《四庫全書總目》、正史及相關著述的序跋，且處處閃爍著作者治學之所得。其三，附錄多是對原文予以宏觀論析，或廣徵博引古人對這些問題所持觀點。附錄相當於補正，彌補箋注之不足。卷四「經與緯相表裏」的附錄中徵引朱彝尊《經義考》、何焯《義門讀書記》、黃恩彤《鑑評別錄》、翁方綱《經義考補正》、趙翼《廿二史箚記》等。其四，以「今按」、「又按」形式直抒己見，在按語中歸結或提煉自己對一些問題的看法，盡顯作者之鑒識。

司馬先生對《經解入門》的注解頗具特色，主要體現在徵引資料宏富，無論是「箋注」中對相關知識點的注釋，附錄中對相關問題的補正，多是廣徵博引，盡顯「萬卷瑤編入眼空」的特點。同時，在注釋中沒有滿足於一般性詮釋，而是處處有己見，篇篇顯折衷。爲初學者瞭解相關經學知識，提供必備的有益借鑒，可謂學習《經解入門》之筌蹄，研治清代經學史之津筏。

〔註15〕馮浩菲：《中國古籍整理體式研究》，高等教育書版社2003年版，第132～198頁。

三、辨偽存眞求史源

　　史籍辨偽由來已久，「萌芽於戰國、秦、漢，而勃發於唐、宋、元、明，到了清代瀕近於成熟階段」〔註16〕。而從事辨偽學的相關研究，非博學有識者難以勝任。司馬先生在辨偽學方面成就甚多，體會亦深，如其所言「文獻雜眞偽，眞偽殊難辨。眞書多鬼話，偽書或可觀」〔註17〕，「辨偽之事，談何容易！不深知辨偽之害者，不能得辨偽之利」〔註18〕。鑒於此等認識，《〈經解入門〉整理與研究》一書對《經解入門》逐篇予以史源考察，辨其眞偽。在《經解入門》內容的辨偽方面，司馬先生主要利用史源學的方法，逐一比對，用功甚多，「作偽者前後抄撮之書達四十餘種，但辨偽者所搜檢之範圍，必十倍不止」〔註19〕。他遍檢清代經學文獻，諸如《清經解》正續編及三編、四編，又通檢民國時期的經學著述，最後擴大範圍，遍及四部文獻，且充分利用各種數據庫進行窮盡性檢索，備嘗大海撈針之苦，也享受碧海掣鯨之樂。

　　司馬先生對《經解入門》的內容不僅辨其偽，而且於每篇篇末以「本篇結論」或於其間以「今按」的形式，揭示其作偽的情況，類似《史記》「太史公曰」、《資治通鑒》「臣光曰」發凡對諸種作偽表象的看法。指出《經解入門》的作偽手段，諸如「明引」、「刪去作者之名」、「直接抄」、「間接抄」等。

　　對於《經解入門》如何雜抄他書，司馬先生雖然沒有予以系統論析，但從相關單篇剖析中，我們亦可以發現其用力之勤。「群經緣始」條「抄自《禮記》、《初學記》、《考古類編》、《困學紀聞》、《日知錄》、《經典釋文序錄》等，多為明引，惟將《日知錄》改為《讀書記》，未免掩耳盜鈴」（第235頁）；「古書疑例」條「大致抄自《古書疑義舉例》。二者同者73例，異者10例」（第266頁）；「歷代石經源流」條「前半部分抄自《石經補考》、《困學紀聞》，後半部分直接抄自《古今釋疑》，間接抄自《榆墩集》。《古今釋疑》在抄《榆墩集》時略有刪改，並有訛誤，而本篇竟然與《古今釋疑》完全相同，連錯字都沒有改正」（第276頁）；「兩漢傳經諸儒」條「近抄《國朝經師經義目錄》，遠襲《經典釋文序錄·注解傳述人》。其實，江藩《國朝經師經義目錄》、焦

〔註16〕顧頡剛：《中國辨偽史略》，見《秦漢的方士與儒生》，上海古籍出版社1998年版，第248頁。
〔註17〕司馬朝軍：《文獻辨偽學研究·前言》，武漢大學出版社2008年版，第4頁。
〔註18〕司馬朝軍：《文獻辨偽學研究·前言》，武漢大學出版社2008年版，第106頁。
〔註19〕漆永祥：《〈經解入門〉整理與研究·序》，武漢大學出版社2017年版，第2頁。

袁熹《儒林譜》等，也不過是《經典釋文序錄・注解傳述人》的翻版」（第 294
頁）等。尤其是「古有六書」條，司馬先生經過仔細辨析，指出「《古有六書》
決非江藩所作，而是作偽者抄襲王筠《說文釋例・六書總說》而成。具體而
言，其作偽的手法為：第一刪去『筠按』字樣，抹去王筠的痕跡。第二，刪
去『段茂堂（即段玉裁）』、『嚴鐵橋（即嚴可均）』等字樣，抹去王筠同時代
人的痕跡。第三，刪去『印林（即許瀚）曰』，抹去王筠著作整理者的痕跡。
第四，刪去無關緊要的段落。因此，我們可以斷定，《經解入門・古有六書》
是王筠《說文釋例・六書總論》的刪節版」（第 371 頁）。

　　司馬先生以辨駁入微的方法，層層剖析，使《經解入門》史料出處了然
於天下，使一些不妥的觀點得以更正。如有關《經解入門》與張之洞相關著
述的關係，民國學者馮君木認為：「滿清儒生學問，崇尚考據，名公巨卿，多
從此中出，相與提倡，至同光之際，未盡衰也。張文襄（即張之洞——引者
注）張皇經學，亦沿考據舊習，所謂宏獎風流者，其初不過如此。觀《輶軒
語》及《書目答問》二書可知矣。且《輶軒語》直抄江藩《經解入門》一書
者至十分之八九，而文襄自敘云稱心而談，一無剿襲，事至可怪。豈江書為
近人偽為者耶？」〔註 20〕經過司馬先生的系統辨偽，誰抄誰的問題自然迎刃
而解。

四、別建裙樓理經學

　　《經解入門》卷三《國朝治經諸儒》言「窮經之士，莫盛於我朝。其專
門漢學，自崑山顧氏、太原閻氏倡之於前，而諸儒繼之於後，魏、晉以下無
匹焉……茲於《師承記》外，記錄諸儒姓氏，俾學易於尋檢，而《師承記》
所已見，亦備錄焉。」（第 58 頁）按《經解入門》所列清代「窮經之士」202
位，只是簡單列舉其姓名字號，僅具其輪廓，可謂至簡矣，難以窺見清代治
經學者之全貌與細節。司馬先生鑒於《國朝治經諸儒》「所列名單較為完備，
且具有學術眼光，惜無人為之作鄭箋，今不避繁瑣之譏，旁徵博引，廣為增
訂，於主樓（指《經解入門》）之外，別建裙樓（指《研究資料匯纂》）」，並
使之成為「擬撰《清代經學學案》之草案」（第 439 頁）。司馬先生正是建構

〔註20〕馮君木：《夫須閣隨筆・考據學》，《民權素筆記薈萃》，山西古籍出版社 1997
　　　　年版，第 250 頁。按：馮君木（873～1931），名程，號回風，浙江寧波人。
　　　　著有《回風堂詩文集》、《詞集》等。

於力圖撰寫《清代經學學案》的基礎上，詳細梳理相關史料，對清代治經諸儒的生平及其代表性著述進行學術史的整理，並以「按語」的形式表述自己的見解。

　　像對顧炎武生平的介紹，司馬先生徵引《清儒學案》、《清史稿》、《清史列傳》、程先貞《贈顧徵君亭林序》、全祖望《鮚埼亭集》卷十二《亭林先生神道表》、李光地《榕村集》卷三十三《顧寧人小傳》、羅正鈞《船山師友記》卷十六《顧處士炎武》等相關著述，對顧炎武學術思想的敘述，不僅徵引《亭林詩文集》中內容，還參考章學誠、包世臣、章炳麟等人對顧炎武的評論，最後還通過「按語」言簡意賅、提綱挈領地論析了顧炎武的治學特點。（詳見第 440～451 頁）

　　司馬先生正是依照上述例子對清代治經諸儒逐一予以評介，其間不僅徵引眾多史料紹介傳主生平，而且對傳主的著述研讀較多，可謂做到有的放矢之評析。其「按語」頗具參考意義，如「戴震」條云：「戴震《孟子字義疏證》頗具原教旨主義色彩，其實較之程朱理學與陸王心學均相去甚遠。乾嘉之際，由理學轉向樸學，或曰哲學的語言學轉向，竊以為是一種文化上的大倒退。戴震被拔高甚至被神化，這是現代學者製造的一大神話。戴震的歷史作用應當重新評價。清代學術史的中心人物是顧炎武而非戴震，戴震只是發揮了顧炎武學術中的一小部分，而忽略了其中最根本的東西。戴學從顧學中來，但遠沒有顧學的博大氣象與經世風采。」（第 694 頁）此種論斷對於戴震在清代學術史中地位提出了一個新的認識，有助於學界瞭解清代經學史中的不同側面。

　　「別建裙樓」的學術史意識在書中亦多有體現，有關「說經必先通訓詁」條，司馬先生例舉葉昌熾、邵晉涵、查慎行、郝懿行、江藩、李元度等人的觀點（詳見第 335～336 頁）。關於程瑤田「讀書必先解字」的說法，司馬先生對此問題作了細緻梳理，歷述韓愈、魏了翁、朱光家、繆希雍、項絪、陸世儀、洪亮吉、李兆洛、包世臣等人的觀點（詳見第 677～678 頁）。

五、篤實治學彰特色

　　辨偽求真是司馬先生的治學法寶，曾言「寒窗冷凳燕閒度，辨偽存真墨兩行」，「實事求是，治學法寶」〔註 21〕。對於當下學界之亂象，司馬先生認

〔註21〕司馬朝軍編撰：《四庫全書總目精華錄・後記》，武漢大學出版社 2008 年版，第 946 頁。

爲「浮而不實，譁眾取寵，顯然有悖於實事求是之治學宗旨」（第 1320 頁）。
正是緣於求是的治學精神，司馬先生近二十年孜孜不倦於文獻辨僞學研究。
在對《經解入門》進行整理與研究的過程中，司馬先生始終以求是爲原則，
以求眞爲目的，難以定論者則闕疑存疑，這才是實事求是的態度。

司馬先生對《經解入門》進行辨僞時，是本著審愼求是的態度。對「群
經源流」條辨僞時，言「此語未明出處，疑爲作僞者所加」（第 237 頁）；「群
經古文今文」條有「此段查無出處，疑爲作者自擬」（第 248 頁）；「古經佚文」
條之「本篇結論」云「《古經佚文》篇例證全部節抄自《經義考》。但首尾兩
端查無出處，疑爲作者敷衍成文」（第 269 頁）；「經與經相表裏」條有「今按
此段尚未查到出處，待考」，「本篇結論」云「《經與經相表裏》篇的基本觀點
抄自《輶軒語》，但其細目尚待考證」（第 319 頁）等。在《經解入門》的整
理中類似這樣待而不定，疑似之間，司馬先生沒有以己見定論，均採取求是
存疑的方式處理之。尤其是《經解入門》辨僞部分最後有一附錄「《經解入門》
待質錄」，司馬先生言「近二十年來，筆者爲《經解入門》的眞僞問題絞盡腦
汁，雖取得重大突破，大體可以結案，但仍有少數條目查無出處，別紙錄出，
題爲《待質錄》，望天下同道協力攻關。」（第 430 頁）「待質」條目雖僅有六
條，於《經解入門》一書可謂微矣，司馬先生仍是逐一列出，足見其治學求
是之精神。

在求是求眞的前提下，司馬先生研治《經解入門》比較有特色，即以四
庫學爲核心延及相關研究。司馬先生在「四庫學」方面成就甚多，尤精於《四
庫全書總目》研究，愛屋及烏，在辨僞學方面，司馬先生諸多辨僞是根據《四
庫全書總目》的線索，或是參依《四庫全書總目》予以辨僞。諸如《姚際恒
〈古今僞書考〉評析》、《〈四庫全書總目〉辨僞方法釋例》、《〈讀升菴集〉眞
僞考》、《〈野處類稿〉眞僞考》、《〈黃陵廟記〉眞僞考》、《〈僞書通考〉史源考》
〔註22〕、《〈經史雜記〉眞僞考》〔註23〕、《〈樂庵語錄〉眞僞考》〔註24〕等在
辨僞方面多和《四庫全書總目》有關。而《〈經解入門〉整理與研究》一書，
在許多方面也體現了司馬先生的「四庫學」情懷。在《經解入門》箋注中，
司馬先生對於諸多著述的詮釋、評判是參依《四庫全書總目》或《文淵閣四

〔註22〕 司馬朝軍：《文獻辨僞學研究》，武漢大學出版社 2008 年版，第 57～297 頁。
〔註23〕 司馬朝軍、王朋飛：《〈經史雜記〉眞僞考》，《史林》2017 年第 6 期。
〔註24〕 司馬朝軍：《〈樂庵語錄〉眞僞考》，《圖書館雜誌》2008 年第 10 期。

庫全書》卷首提要的觀點，諸如《經解入門》卷一《注家有得有失》中對《周易正義》、《尚書注疏》、《禮記集說》、《春秋左氏傳注疏》、《春秋釋例》、《古文孝經指解》、《孝經刊誤》、《論語注疏》、《論語筆解》、《論語全解》、《孟子正義》、《孟子疏》、《爾雅注疏》、《爾雅鄭注》、《白虎通義》等的注釋（第 22～28 頁）。在《經解入門》辨偽上，司馬先生主要從版本、序跋、史實、編例、稱謂（情理）等方面予以辨偽。司馬先生在研究《四庫全書總目》時指出其辨偽方法是根據文本、作者、著錄、比勘（對勘、引文、因襲）、佚文、編例、名物制度、情理及其他（情理、史實、綜合）〔註 25〕，「《總目》在辨偽方法方面比較全面繼承了前人的成果，前人所用之法，幾乎都可以在《總目》中找到例證。」〔註 26〕因此，司馬先生對《經解入門》的辨偽，在方法上應該會借鑒《四庫全書總目》的辨偽方法。

結　語

　　《〈經解入門〉整理與研究》一書從對《經解入門》的系統辨偽求真、詳細箋注、史源考察及經學史梳理，使《經解入門》的真正面貌展現於世人面前。《經解入門》一旦證偽之後，便可以客觀地彰顯該書的價值。《經解入門》刊出後，備受學人關注，說明此書有其獨到之處，諸如在編纂學方面、在經學知識的普及方面應該予以進一步探索。還有《經解入門》卷六《國朝治經諸儒》中所列學人絕大部分屬於江浙、安徽人士，這與編纂者的地域傾向是否有一定聯繫，亦是值得考察的。

　　要之，司馬先生以渾厚的文獻學工夫，嚴謹的辨偽學方法，系統的經學史梳理，使頗受爭議的《經解入門》現出真身。《〈經解入門〉整理與研究》可謂是司馬先生對清代經學史別樣處理的一個成功典例，為學界探討清代經學史提供了堅實的基石。

〔原載《國文天地》第 35 卷總第 409 期，2019 年 6 月〕

〔註 25〕司馬朝軍：《〈四庫全書總目〉研究》，社會科學文獻出版社 2004 年版，第 300～323 頁。
〔註 26〕司馬朝軍：《〈四庫全書總目〉研究》，社會科學文獻出版社 2004 年版，第 323 頁。

《經解入門整理與研究》簡介

  《經解入門》是晚清書商剪輯而成的一部僞書，假江藩之名行世。經過司馬朝軍教授長達 18 年的不懈努力，徹底將它證僞。但其質量不容低估，因爲它採擷顧炎武、朱彝尊、閻若璩、錢大昕、王念孫等巨匠的學術精華，條目清楚，文字簡明，內容充實，編排得當，是一部提綱挈領的經學教科書。

  《經解入門整理與研究》分爲三編：上編爲箋注，對《經解入門》原書做了簡要的注釋；下編爲辨僞，經過詳細比勘，一一注明抄襲來源；外編將 202 位學者的有關經義資料輯成研究資料匯纂，足以稱之爲《清儒經學學案》。

  《經解入門整理與研究》實際上是由三本書（《經解入門箋注》、《經解入門辨僞》、《清儒經學學案》）組合而成的，被同行專家許爲「考據精湛，足稱定讞」。

〔載《史林》2018 年第 1 期封三特別推薦〕

附三　報導

倡導嚴謹治學潛心鑽研的優良學風
努力推出價值厚重影響深遠的優秀成果

全國社會科學基金規劃辦公室

　　引導學風建設，是發揮國家社科基金項目導向和示範作用的重要方面。如何進一步健全管理制度，改進工作方式方法，倡導和鼓勵項目承擔者發揚嚴謹治學、潛心鑽研的優良學風，促進多出優秀成果、多出優秀人才，這是近年我辦在項目管理工作中一直思考的重要問題。

　　近期，國家社科基金項目在史學、文學、語言學等基礎學科研究取得了一些優秀成果，其中有關文獻整理方面的成果尤為突出，很有價值和分量。這些成果凝聚了各個項目負責人多年潛心研究的心血和汗水，充分體現了他們甘坐冷板凳、十年磨一劍的治學精神和治學態度。比如，河南社科院丁巍副研究員在主持完成項目成果《老學典籍考：二千五百年來世界老學文獻總目》中，面對博大精深、浩如煙海的老學典籍文獻，克服種種困難，歷經 14 年的普查訪求、拾遺補缺、搜集整理、考校異同，將二千五百年來的中外老學典籍文獻匯聚成總括性專題書目。《總目》共 5 編 102 萬字，內收中國語言系 2048 個文種、東方語言系 503 個文種、西方語言系 618 個文種以及老學論文 4297 篇。對於該成果的價值和意義，鑒定專家們一致給予高度評價。中國社科院胡孚琛研究員評價說，「這是我國文獻學、目錄學、版本學領域近五十年來的傑作，填補了老學研究領域一項文獻學的空白」；中共河南省委黨校楊翰卿教授認為，「這是一部集大成、富創新、分量重的文獻學佳作，為中國老學史、世界老學史、中國哲學史的研究和寫作提供了堅實的史料基礎」；武漢大學曹之教授在對成果作出充分肯定的同時，讚揚該項目負責人和課題組成員「淡泊名利、甘於寂寞、無私奉獻的治學精神是當今學人的楷模」。

又如，復旦大學年僅 37 歲的青年學者司馬朝軍副教授在主持完成項目成果《〈四庫全書總目〉與文獻整理研究》中，努力克服資料搜集與處理難度巨大、研究中涉及的問題十分複雜等困難，多方調查走訪，歷經多年默默耕耘，從分類學、目錄學、版本學、辯偽學、輯佚學、考據學等方面，深入考察了《四庫全書總目》特別是其中的作者、版本、存目標準、善本觀、辨偽成就、分纂官等問題，全面發掘了《總目》的豐富內涵，是目前國內外第一部從文獻整理角度系統研究《總目》的專著。對此，鑒定專家們給予充分肯定。北京大學周文駿教授認為該成果「對我國目錄學、版本學、編纂學、辨偽學、輯佚學、考據學和四庫學研究具有重大的推動作用」；中國人民大學黃愛平教授認為該成果「是一部全面、系統、深入研究《總目》的力作，資料豐富，功力紮實，多有創新」；復旦大學吳金華教授認為「作者對《總目》的豐富內涵作了系統的發掘，為構建詳贍的古文獻學史作了極有意義的工作。」對於一個青年學者來說，取得這樣高水平的優秀成果實屬難得，具有這樣嚴謹治學的精神尤為可貴。

再如，華南師範大學戴偉華教授在主持完成項目成果《地域文化與唐代詩研究》中，建立了文獻整理類《唐文人籍貫考》和《唐詩創作地點考》兩大數據庫，這不僅為高質量完成該項目研究任務奠定了堅實的文獻基礎，也填補了唐詩研究中的學術空白，為今後中國文學史研究提供了具有強大文獻檢索和排列功能的資料庫。鑒定專家們評價說，「建立這兩大數據庫，不僅需要較高的文史修養，還得忍受艱苦勞作和單調寂寞，體現了作者嚴謹、紮實的學風」。

為倡導和鼓勵這些專家學者嚴謹治學、潛心鑽研的優良學風，我辦擬通過網站集中宣傳和介紹了他們研究取得的優秀成果，大力表彰了他們在項目研究中展現出的嚴謹治學精神，並將他們記入了信譽良好專家檔案（目前已有近 100 位專家）。同時，我辦準備在新年時向他們及其所在單位發出慰問信，對他們在項目研究中付出的艱辛勞動表示敬意。目前，我辦正在考慮建立信譽委託立項制度，擬對於這些治學嚴謹並取得優秀成果的項目負責人再次申請新項目，給予優先考慮，以通過建立信譽機制來引導社科研究中的學風建設。

附錄：2004 年 10 月份成果驗收情況報告

2004 年 10 月份，我辦對 75 個項目的鑑定結項材料及時進行審核，其中 68 項予以結項，7 項成果因質量較差而未能結項。……

一、本月成果驗收情況的有關數據統計

准予結項的 68 個項目中，按項目類別統計：重點項目 4 項，一般項目 52 項，青年項目 11 項，自籌經費項目 1 項。按學科統計：應用經濟 11 項，哲學、經濟理論、中國文學各 7 項，法學、語言學各 4 項，中國歷史、世界歷史、圖書館・情報和文獻學各 3 項，社會學、人口學、國際問題研究、考古學、外國文學、新聞學、體育學各 2 項，馬列・科社、統計學、政治學、民族問題研究、宗教學各 1 項。按項目管理單位統計：中國社科院 16 項，上海 10 項，教育部 9 項，山東、廣東各 5 項，吉林、河南、浙江各 3 項，北京、江西、甘肅、雲南各 2 項，中央黨校、天津、重慶、河北、江蘇、福建各 1 項。按立項時間統計：2003 年 2 項，2002 年 22 項，2001 年 19 項，2000 年 15 項，1999 年 5 項，1991 至 1998 年共 5 項。

二、本月部分省（區、市）社科規劃辦管理工作分析

浙江省社科規劃辦對國家社科基金項目的管理堅持認真負責的態度和採取科學的方法：一是積極推行異地通訊鑑定；二是將每一份書面鑑定意見錄入電腦，既有利於辦公自動化，又方便了鑑定意見的整理反饋。江西省社科規劃辦的鑑定結項工作也很紮實，審核意見寫得全面、客觀。

個別省（區、市）和在京委託管理機構的鑑定工作嚴重拖延，有的項目鑑定審核時間長達 9 個月以上。吉林省社科規劃辦目前仍未採取異地通訊鑑定，經我辦去電後，已決定從 11 月份開始嚴格執行規定。甘肅、北京各有 1 項成果的鑑定並非由社科規劃辦組織。我辦已分別去電上述單位予以提醒和批評。

三、結項成果的轉化應用情況

近期，國家社科基金項目中一些應用對策性研究成果在實踐中得以轉化和應用，發揮了較大的社會價值。比如，清華大學陳吉寧教授承擔的《我國

給水工業市場化改革戰略與政策研究》，部分政策建議被建設部吸收進相關行業政策性文件中。國家檔案局科研所邱曉威副所長主持完成的項目階段性成果《電子文件歸檔與管理規範》已作爲國家標準正式頒佈，在全國範圍內得到推廣。

四、本月成果質量分析

本月共有 9 項成果在鑒定中得到「優秀」等級，從分佈的單位來看，浙江大學和山東大學，各有 2 項；從學科來看，經濟理論、中國文學、圖書館‧情報與文獻學各有 2 項。

深圳市委黨校的兩項成果鑒定等級均爲「不合格」。該校近五年來共承擔了 15 項國家社科基金項目，已完成的 12 項中有 3 項未能通過第一次鑒定。

五、本月紅榜

1。認眞治學的項目負責人及其成果介紹

……

復旦大學古籍研究所司馬朝軍副教授主持完成的《〈四庫全書總目〉與文獻整理研究》，是國內外第一部從文獻整理角度系統研究《四庫全書總目》的專著。成果資料豐富，方法科學，觀點多有創新，結論基本可靠，其學術價值和應用價值已得到學術界權威人士的充分肯定。項目負責人是一位 37 歲的青年學者，能以嚴謹的治學態度取得這樣的研究成果尤爲可貴。（下略）

珞珈山上七人行

《楚天都市報》記者　陳俊旺

武漢大學七名教授、副教授組成一個讀書會，每周末誦讀經典，成了校園的美談——

珞珈山上讀書會　四年潛心誦典

「大家翻到 271 頁，師領教授，你來領讀吧！」

只聽得一陣翻書聲。4 月 23 日下午 4 點，武漢大學人文館七樓，一間不過 10 平米小房裏，五名青年教師。

師領教授開始領讀：「東，動也。從木……」其他四位用手指著厚厚的《說文解字注》，一字一頓地跟著默讀。

這個讀書會有四年多了，本來有 7 個人參加，每週六讀書，但上周有兩位出差了。

「讀書會從 2000 年 12 月 24 日開始，每周堅持，風雨無阻。」吳根友教授說，七個人中有 3 名教授、4 名副教授，年齡都在四十歲左右，除了讀《說文解字注》等經典，還要讀英文原版的《西方哲學史》。「以前是兩個半天，現在合在一起了，從下午到晚上。」誰若因爲開會或出差耽擱了，回來了還要補課。

程水金說：「這樣做目的有三：一是爲了沉下心來讀讀書，給學生做個榜樣；二是大家學術各有所長，正好互補；三是以書會友。有人說，這是甘坐冷板凳，抵制學術浮躁之風，但這不是我們的初衷。當前學術界的浮躁、淺薄，不是我們幾人所能改變的。」

「七子」各有千秋　遠今人近古人

　　七人中，程水金教授在先秦文化與文學的綜合研究上頗有造詣。他仰慕孔門弟子顏回「一簞食，一瓢飲……回也不改其樂」的境界，將書房取名「顏樂齋」。

　　哲學院心理學專業的師領教授，生活很有些「原始」，家裏沒有電視、空調，有電腦也不上網，電話也是被「強制安裝」的。但他用英語教心理學，講一口流利的英語，每晚還必聽 BBC。

　　司馬朝軍教授在信息管理學院圖書館學系任教。他溫文爾雅，講話不緊不慢，是四庫學研究所所長，橫跨文史哲圖，著作很多，遍及四部。

　　年齡最小的是哲學院丁四新教授，言語很少，敦厚淳樸，他的導師郭齊勇教授評價道：「像丁老師那樣，能耐住寂寞、安於淡泊、潛心做學問的青年人實在不容易。」

　　中文系教授楊逢彬家學淵源深厚。其祖父是知名學者楊樹達，堂伯父是著名的文史專家楊伯峻。而他從事古文字、古文獻研究，在甲骨文研究方面成就突出。

　　哲學院的吳根友教授是讀書會發起人之一，多次訪學歐美，長於議論，慷慨激昂，學生很喜歡他的課。

　　楊華是歷史系的年輕教授，他言語風趣幽默，自嘲七人追慕古風，是「旁人眼中的呆子」，「離古人近，離今人遠」。

同行「必有我師」　砥礪君子人格

　　不僅是在讀書會碰頭，七名教授還常結伴而行，漫步珞珈山麓，相互切磋，自得其樂。所談所議，有時莊嚴鄭重，有時嘻笑詼諧，針砭學術，交流教學，「砥礪君子人格」。

　　有一天，下著微雨，其他五人有事不能來，人文館又在裝修改造，師領教授很著急，拉著吳根友四處找位置。實在沒地方，便找了兩個小石凳，一起讀到黃昏，直到師領的夫人找來，請他們回家吃晚飯。

　　七人中有誰出了書，一般都會相互作序，大夥兒常說：「三人同行，必有我師。七人同行，至少有兩個老師。」特別是程水金與吳根友，兩人是同門師兄弟，情義很深，程水金說：「每當我陷入困頓，難以為繼之時，他總是授以慷慨之手，幫我渡過難關。」

師領本科學醫，後留學加拿大轉攻心理學，按講與古文不大沾邊。但他說：「在讀書會，加深了古文功底，還讀了《黃帝內經》，越發感覺中國古文化的博大精深，可以跳出來看西方的心理學，不再一味地跟著西方走。」

最為有趣的事，要算讀書之餘的飲酒之樂。每次讀完書，大夥一道找個地方，一邊喝酒吃飯，一邊高談闊論。在程水金的一本著作後記中，他寫下這些細節並感歎道：「光陰荏苒，寒暑易節……樂何如哉！樂何如哉！」

校長探訪激勵　名聲不脛而走

漸漸地，珞珈山上讀書會出了名，還有人稱他們為「珞珈七子」、「珞珈七賢」。

去年 4 月的一個下午，武大校長劉經南院士專門探望讀書會，表示有機會一起來讀讀經典。

還有不少老師和學生也要加入讀書會，但被他們婉拒：人多了，難以保證效果。

但是，讀書會卻一直有個特殊的「旁聽者」，她就是師領教授的夫人肖格格。大夥兒笑著說：肖夫人可是師領的絕對崇拜者，每次總來「陪讀」。而肖格格又把讀書會的影響擴大到華中師大。她是華師 2002 級教育學碩士，她的一篇論文引起了華師戴建業教授的注意：「教育學的碩士，論文的文字功底不簡單！」一打聽，才知道武大有個讀書會。

戴建業正好又是程水金的本科同學，去年年底，他跑到武大體驗了兩次讀書會，感慨地說：「這種潛心治學的氛圍實在令人羨慕，回華師後，看能否也成立一個讀書會。」

面對別人的美譽，他們總是擺擺手說：「大家在一塊，只不過讀讀書、聊聊天罷了。做一點學問，總比打麻將有趣。」

〔《楚天都市報》2005 年 4 月 26 日〕

武大部分青年教師自發誦讀
經典文獻滋養自身

《中國青年報》記者　謝湘　堵力

　　當記者闖進武漢大學人文館七樓中國文學研究所的教師休息室時，裏面的7位老師都圍坐在桌旁正準備開始讀書。他們每人手裏都有兩個大部頭——《說文解字》和英文原版的《西方哲學史》。大家淡淡地向記者點頭，一位老師輕聲宣佈，請大家翻到第237頁。只聽見一陣翻書聲。

　　這與記者剛剛路過的一樓完全不一樣，那裡的景象是人聲鼎沸，學生們出出進進，因爲周末人文館漂亮的會議廳有講座，不少學生在清理會場，而講座的宣傳黑板前也站滿了人。

　　而樓上這間教師休息室並不大，只有大約十幾平方米，擺放著一個小書架、一個長條桌、幾把椅子。每個周末，這個「陋室」裏都會傳出讀書聲。讀書的人不是大學生，而是老師。

　　據介紹，武漢大學有十幾位三四十歲的青年教授、副教授自發地組織了一個讀經小組。每逢周末，這些來自中文、歷史、哲學、圖書館學、心理學等院系的老師便聚在一起，朗讀國內外的經典學術文獻，已經堅持了四五年，寒暑無間斷。

　　「現在，高校裏急功近利的浮躁之風甚爲嚴重。如果連老師都不能恪守學術道德，更何況學生呢？搞學術的人，就得坐好冷板凳！」他認爲，現在表面上看學術繁榮，教授們今天一本書明天一本書，不斷有著作、成果問世，可實際上都是霧裏看花呀！

「我們這些 40 歲上下的人在讀大學的時候，老師沒有要求我們必須讀原著，看的都是別人的轉注，很多觀點成了以訛傳訛，所以教書時間越長，越覺得自己知識不夠用、沒有底氣。後來到國外讀書講學，發現人家的教授研究經典文獻的功力都很深，我們的差距一下就顯出來了，只能補課！」吳根友教授向記者介紹讀經的初衷。他們來自不同的系，有研究中學的西學的，研究哲學的歷史的，本來自己在家悶頭讀書也可以，但大家聚在一起既能增加讀書的趣味，又可以完成知識的交融和對撞。

翻開這項活動發起人吳根友的《說文解字》，前半本圈圈點點，密密麻麻做滿了注釋和眉批，而後半本則像新的一樣。「你們用多長時間學了這小半本書？」記者問。

「4 年多吧。」吳根友說，從 2000 年 12 月 24 日大家開始讀經，周周堅持，如果誰遇到國際會議和出差講學，自己還要私下補課看筆記。

「速度這麼慢啊，那這麼厚的書全讀完豈不是要八九年的時間？」

吳根友點點頭說，我們就是想用這種方式來「砥礪君子人格」。因為大家都看不慣目前學術界的浮躁學風，教授們為了發文章、出書、評職稱、揚名而忙忙碌碌，很難有時間坐下來讀書了。

「這樣的風氣光靠幾個人是改變不了的」，正如楊逢彬老師認為的那樣，只有盡量靜下心來，紮紮實實讀點書，「我們這樣可不是為了今天讀了什麼明天就要寫一篇什麼文章，這樣沒意思」。

所以，曾有電視臺記者聽說此事，要求採訪，大家商量後委婉拒絕，「這事說出去有什麼意義呢，我們還是讀自己的書吧」。要不是本報記者執意「硬闖」，老師們的讀經生活是不會見諸媒體的。

「開始吧」，已經有老師覺得記者打斷了他們的學習。7 位老師輪番高聲朗讀，其他人跟著默讀，如果沒有疑問，就繼續。但實際上進程並不順，經常沒念幾行就讀不下去了。程水金雖然曾多次通讀《說文解字》，但並不是每個字都能當場說出，也要沉吟片刻、推敲一陣再作解答。

在這裡，沒有師生之別，每個人既是老師也是學生，連旁聽的記者也可以當場發問質疑他們的解釋。一位老師說自己讀經是為了捍衛中華民族的文化，其他老師卻搖頭：「不能這麼說，我們就是讀書。」

心理研究所的副教授師領從加拿大學成回國，學的是醫學，同時西學底子挺厚，但在這裡就像小學生。他喜歡哲學，不過，「如果沒有經學、小學的

底子，他再有名，搞的哲學我也不看。國內的教授們就喜歡套用西方福柯的觀點」。

武大出版社的陳老師向記者介紹師領，他認為做學問要全力以赴，為了躲避各種俗事瑣事，他拒絕在家裏安電話，直到領導出面要求。「我反對多帶研究生，現在的教授一人就帶幾十個學生，能教好嗎？把一個兩個好好帶出來就不錯了。」

中國政法大學的楊玉聖教授最近又在學術批評網上揭露了一起抄襲事件，老師們為此而搖頭。

「學術應該有更高的目標。」36 歲的哲學系副教授丁四新說。

丁老師坦誠地告訴記者，他們這些教授副教授讀的《西方哲學史》其實是西方大學一二年級的教科書。但對中文、歷史系的老師來說，這是新鮮的。「我們想深讀它們，用這些思想來滋養自己，也能給學子們一些啓發」。

〔《中國青年報》2005 年 4 月 18 日〕

以文會友　以友輔仁
——談珞珈七子的《學鑒》

趙元貞

一、前言

　　《學鑒》是諸位任職於武漢大學的學者所創辦的學術集刊，由於沒有固定出版日期，不算是一般的期刊或學報，所以又稱這樣的刊物為「以書代刊」，即用出版書籍的方式，出版刊物。

　　從《學鑒》第一輯出刊至今，已有三輯問世，分別於 2007 年 1 月、2008年 4 月、2010 年 6 月出刊。第四輯遲遲未見出版訊息，停刊與否，無法確認。但它的創刊精神、以及研究成果，對學術界自有相當程度的貢獻，不容忽視。本介紹，就是希望提供相關領域研究人員及一般讀者，多一些參考資料，認識並利用這項學術資源。

二、創刊目的與出版情形

　　2000 年 12 月，湖北武漢大學的吳根友與楊華，提出組成讀書會的構想，引起其他學者的興趣，願意共同交換研究心得，最後形成七位固定班底。因武漢大學依傍珞珈山，故七位學者又有「珞珈七子」的美譽。

　　這些不同研究領域的學者，包括：研究先秦兩漢文化與文學的程水金（文學院）、研究先秦哲學及明清啟蒙思想的吳根友（哲學學院）、從事先秦史及禮制研究的楊華（歷史學院）、做上古漢語研究的楊逢彬（文學院）、專攻比較心理學的師領（心理學系）、研究先秦簡帛思想的丁四新（哲學學院），司

馬朝軍則是在信息管理學院仿四庫學研究的。另有湖北教育學院的古漢語教師肖格格，亦即師領的夫人，她是唯一獲准加入讀書會的旁讀生。雖然這些成員來自不同研究領域，但大致上還是有共通點，即從事上古學問的研究，主要可涵蓋上古文學、哲學、歷史、語言學等各個面向。

讀書會約定每周舉行一次，成員們聚集起來會讀經典，寒暑不輟、風雨無阻，講習切磋，名聲漸廣。不少老師和學生有意加入，但皆被他們婉拒，這是擔心人多就沒辦法維持最初發起之心、所要求的質量與效果。他們沉下心讀書、交換彼此的心得，並相互砥礪持續精進，為學生樹立模範。這樣的實際行動，輾轉被當時的校長劉經南院士所知，甚至特地到讀書小組勉勵大家。於是，「武漢大學中國傳統文化研究中心主任馮天瑜教授暨郭齊勇教授，即為七子之講習闢其場所，亦予《學鑒》之創刊斥其資度；而武漢大學校長劉經南院士亦時加褒誘，武漢大學出版社社長陳慶輝博士又慨然承其梓事。」（發刊緣起，頁2）終於在2007年，從「以文會友，以友輔仁」的精神出發，彙整各自的讀書成果而成《學鑒》。

《學鑒》的性質偏向研究成果的展示，關注議題尤以上古為主，以嚴謹的學風，深入先秦古樸的天地。至於每一輯的主編，則採取讀書會成員輪流接任的方式，進行編輯與出刊。所收之文，即參與武漢大學讀書會成員的作品，並未設立外來稿約，可見其保守。平心而論，為維持讀書會的質量，而不願擴大名額，固然有其堅持的道理，但學術交流本不應排斥帶有熱忱、願意加入的任何成員。基於這個原則，《學鑒》所收內容，若能不限於讀書會成員，而廣納各界投稿作品，於各輯刊物中明確設立稿約，再透過讀書會成員的審查制度，嚴格篩選，質與量想必更為豐富！如此，也能更真實反映各地的研究現況與學術風氣。

《學鑒》目前已出版三輯，皆以「國際標書號」（ISBN, International Standard Book Number）申請，此即為前文所言「以書代刊」的模式。然則正式期刊，皆以「國際標準刊號」（ISSN International Standard Serial Number）。或許對一般讀者來說，本刊物究竟申請的是「國際標準書號」ISBN或者「國際標準刊號」ISSN，並無太大差異。可是就刊物本身，甚至是交流、促進學術的流傳與分享而書，無法定期出刊，造成相關領域的研究人員不易購買、無從得知最新研究成果，都是非常可惜的。

「以書代刊」出版日期不定、通路也未普及，臺灣各大圖書館藏有《學鑒》的寥寥無幾。據筆者初步檢索，《學鑒》第一輯僅見於政治大學圖書館、中央大學圖書館、暨南國際大學圖書館等三處，其他已出版的第二輯、第三輯，均無館藏。更遑論學術資源本較缺乏的臺灣南部各大學，若欲參考先秦兩漢相關論文，一則可能不知此學術資源，致使查詢數據時有所遺漏；二則就算檢索到此研究成果，亦無法就近取得刊物文章，一窺目前學界的研究狀況。值得慶幸的是，筆者在查詢相關數據的過程中，無意間發現《學鑒》第二輯提供網絡下載：http：//www.q766.com/soft/1177355.htm 雖然就筆者目前的網絡權限，無法直接下載。但截至 2011 年 8 月底前，據提供下載的頁面顯示，《學鑒》第二輯已被下載六萬三千多次，足見提供網絡分享平臺，對於學術文章的流傳，具有一定程度的影響作用。若能由武漢大學提供完整的閱覽平臺，一定能改善銷售通路不足的現實困境，並貫徹承揚文化、啓發新知的理念。

雖然距離《學鑒》第三輯 2010 年 6 月出版的日期而言，第四輯已讓所有人等待許久，仍無下聞。不過可喜的是，在《學鑒》付梓以來，即爲「武漢大學中國傳統文化研究中心『985 工程』」的項目成果。所謂 985 工程，是江澤民在北京大學 100 週年校慶發表，欲針對 9 所大學以「世界一流大學」爲發展目標，建設「國際知名大學」。其講話時間爲 1998 年 5 月，故以此命名爲「985 工程」。985 工程後來擴大，增列 30 所通過評鑒的大學，最後共有 39 校進入重點培育，武漢大學便是其一。《學鑒》能夠憑著一小群堅持於學術的研究者，默默耕耘，樹立榜樣，以致於受到國家教育的支持與肯定，著實不容易。

三、內容特色

《學鑒》的研究成果，因關注對象不同，區分爲幾個不同的項目開展，在文章編排上，大致依經、史，子、集爲先後次序。茲將各輯的內容類以及篇數，整理如下表：

輯數	主編	內容篇數								出版年月
第一輯	程水金	經史抉微 4	小學探幽 1	諸子學衡 3	四庫專論 1		學林舊事 2			編後	2007 年 1 月

第二輯	吳根友	經史抉微2		諸子學衡3	典籍辨偽3	學林舊事1	人文新論1	禪意人生1	學鑒論壇1	跋語	2008 年 4 月
第三輯	楊華	經史抉微3		諸子學衡6	典籍辨偽1			禪意人生2		後記	2010 年 6 月

從列表可以清楚的知道，第一輯分為的五大專欄，在第二輯則拓展為七個專欄，收錄的文章面向略有轉變，從主編者寫下的「通觀儒釋道，涵化印中西」（《跋語》，頁 357）即可窺知其企圖心，第三輯則延續第二輯的脈絡，但更加強了「諸子學衡」的部分，所收錄的 12 篇論文，光是討論先秦諸子的文章，就佔了 6 篇之多。每輯的欄目存在些許差異，或因各輯主編者不同之故，但是整體來說，「經史抉微」與「諸子學衡」兩個主要大類，是各輯皆有的，也可以見出《學鑒》的主要重心，即在先秦經典與諸子的研究。

以上名稱各異的專欄，竊以為可更精簡的概括為四大類；一是圍繞經、史相關之研究，如《楚地水神研究》（第一輯，頁 71～94），從楚國地域拓展，思索到楚人水神祭禱增加的可能，因而就楚地水紳諸名切入，透過出土新史料，探究楚人對水神的祭禱巫術，並進一步提出南方水神在秦漢帝國時，已納入全國祭祀系統中。又如《春秋戰國時期「忠」觀念的演進──以儒家文獻為主線，兼論忠敦、忠信與忠恕觀念》（第二輯，頁 3～138），作者把梳先秦以來古籍，寫成近百頁的長篇論文，詳述《左傳》、《國語》、孔、孟、荀、郭店儒簡、大小戴《禮記》等不同時期、不同派別對「忠」義的理解。

第二類，旨在討論關於先秦諸子的哲學理念，如《「天籟」解──生命的自然本質與莊子的生存焦慮》（第一輯，頁 194～230）、《孟子游仕履歷考》（第二輯，頁 161～209）、《「刑名從商」與鄧析的「刑名之學」──先秦「名學」源流探論之一》（第三輯，頁 79～104），皆是在研究成果已極為豐碩的先秦典籍中，發現新的、值得深入釐清的問題，然後一一進行考究，立論清晰，自有獨到見解、足以啟示研究者重新思考新的方向。

第三類為文字，訓詁、考據、辨偽等與小學相關的文章，「小學探幽」「四庫專論」「典籍辨偽」皆屬之。主要文章，如《運用語法訓釋甲骨文字詞義的

幾點心得》（第一輯，頁 96～116）、《四庫館派與乾嘉學術》（第一輯，頁 232
～261）、《四庫本〈野處類稿〉眞僞考》（第二輯，頁 249～258）等，都是通
過系統性的論證，完整提出最新的進展。

　　第四類是綜合收錄較爲軟性的文章，無論是介紹近代知名學者之學術生
平的「學林舊事」，如《黃侃年譜補記》（第一輯，頁 265～273）；或者「人文
新論」的《德育、智育、體育——現代教育理念的心理學意義）；還有針對佛
學、禪學修習心得的專欄「禪意人生」，如《我的生活禪之路——在中國教英
語》（第二輯，頁 339～348），《〈般若波羅蜜多心經〉禪解》（第三輯，頁 307
～343）等；以及「學鑒論壇」中《以文會友，溫故知新——學鑒論壇・珞珈
七子學術會講活動側記》（第二輯，頁 349～355），記錄珞珈七子於 2008 年首
次公開讀書會，與眾師生進行學術交流的情形。這些都可算是各讀者自我的
讀書心得，屬於較爲輕鬆的散文。

　　針對以上四大類別檢視各專欄所收錄的文章，可以發現其中存在不少歸
類模糊的地方，尤以「經史抉微」的部分最值得商議。比如《「人性有善有惡」
辨——王充、世碩的人性論思想研究》（第一輯，頁 3～38），或許列於探討哲
學性文章的「諸子學衡」更爲貼切；《楚簡中的諸「司」及其經學意義》（第
一輯，頁 50～71），雖然論及經學意義，但研究方式及整篇文章的要旨，應與
文字訓詁關係更爲密切，或可另闢專欄，置於小學學科底下；《說「謫」——
兼論漢代政治譴告理論的民間基礎》（第二輯，頁 139～158）《論讀古書須通
語言學——以《論文》《孟子》爲例》（第三輯，頁 3～20），也有同樣的問題，
與其歸爲「經史抉微」，還不如獨立出來，放在與文字、訓詁相關的研究成果
底下，如此將會使綱舉目張，一目了然。

　　此外，還有一點需要警惕的，是《學鑒》自第二輯開始，收錄的文章呈
現愈益紛雜的狀態。抒發感想的散文篇幅比重增加，將影響刊物的讀者群，
也就容易模糊原本結構嚴謹的學術性論文，這就喪失了創刊的最初目的，以
及「以書代刊」輔助期刊、學報，提供專門學術領域論文的功能。

四、結語

　　每一種學術刊物創辦的背後，一定承載許多前輩學者捨我其誰的使命
感。長時間在例行性教學、研究之餘，督促自己壓縮時間，參與讀書會、出
版學術性刊物，是相當不容易的一件事。武漢大學的「珞珈七子」能夠鑒於

學界急功近利的偏失，自發性的以讀書會督促研究進度、提供交流平臺，持續不斷的默默付出，自 2000 年至今，整整 11 年，寒暑不輟。一直到 2007 年，才受到各界認同，興起創辦《學鑒》的號角。前輩學者努力不懈的態度讓人尊敬，縱使刊物本身存在不少有待調整的地方，但仍爲學界樹立良好的榜樣，並惠及研究先秦兩漢的莘莘學子。

〔原載《國文天地》第 27 卷第 5 期〕

〔補記〕

　　此文刊於《國文天地》第 27 卷第 5 期（2011 年 10 月號）第 97～100 頁。2011 年 6 月林慶彰先生率領臺灣學人參加張舜徽先生百週年紀念會，我贈以《學鑒》前 3 冊。同年 11 月，我應邀參加臺北大學國際文獻學研討會，會後拜訪林先生，林先生回贈此文。此後《學鑒》又出版 4 冊，共計 7 冊，七子各編一本，情況大致如下表：

輯數	主編	內容篇數									出版年月
第四輯	丁四新	經史抉微3	古典新義1	玄圃評鑒3		典籍辨僞1	中西論衡2			後記	2011 年 9 月
第五輯	司馬朝軍	經史抉微4	古典新論1	諸子學證1	四庫專論1	典籍辨僞1	文化創新1			後贊	2012 年 9 月
第六輯	楊逢彬	經史抉微2	古典新論1	諸子學衡2	四庫專論1	典籍辨僞2	文化創新2		人文新論1	編後隨想	2013 年 12 月
第七輯	師領	經史抉微2		諸子學衡3	四庫專論1	典籍辨僞1	文化創造3	禪與健康5	人文新論1	後記	2014 年 12 月

2008 年以後，楊逢彬、程水金、丁四新、司馬朝軍先後調離武漢大學，分別前往上海大學、南昌大學、清華大學、上海社科院任職，2015 年以後同人集刊《學鑒》停刊，「**學鑒派**」也偃旗息鼓，同人於野，風流雲散。當然，吳根友、丁四新、程水金、楊華、司馬朝軍分別主編新的學術集刊，仍然在各自的領域引領潮流。

傳承中華文脈

學鑒論壇・珞珈七子學術會講活動側記

彭公璞

圖爲珞珈七子中的六位在《學鑒》論壇學術會講期間　　王洋攝
自左至右依次爲：楊華、司馬朝軍、楊逢彬、師領、程水金、吳根友

　　在東湖之濱、珞珈山麓，有一群來自武漢大學不同專業的人文學科中青年學者，於 2000 年底自發組成了讀書小組，約定每週一次會讀經典，講習切磋。其間寒暑不輟，至今已有七個年頭。

　　今年初春的一個上午，在人文科學館北廳，珞珈七子以「《學鑒》論壇」爲名，首次面對全校師生公開舉行學術會講活動。通過會講，一方面，7 位學者得以向大家介紹自己的部分讀書心得和學術成果，接受大家的問難，相互

切磋，增進學術交流；另一方面，也對青年學子擴大學術視野，掌握治學方法方面給予具體的指導和啓發。

《學鑒》論壇吸引了校內眾多師生參加，整個活動在熱烈討論的氣氛中持續了一天。論壇分主講、點評、互動提問3個環節。在主講環節，7位學者就自己的研究心得作了專題發言。他們的發言學術含量高，各具特色，激發起聽眾的濃厚學術興趣。

丁四新教授廣徵先秦以來的古籍系統論述了春秋戰國時期「忠」的觀念的演進；楊華教授則對上博楚簡的《天子建州》一篇的文字做了詳細解讀，不少字句的釐定爲自己的新見和心得。他們發言的共同特點是考證嚴謹細密、學養深厚。而程水金教授、司馬朝軍教授的發言特點則是論點新穎、獨到，對經典文本的闡釋「發千古之未覆」。程水金以《老子道論重估》爲講題，認爲老子是先秦史官文化向士人文化遞嬗過程中的關鍵人物之一。司馬朝軍獨創性地提出卦辭兩分法，破譯了卦辭的深層結構，使卦辭文本解讀從無序走向有序。吳根友教授和師領教授的講題分別是《莊子論「眞人」與「眞知」的關係》、《〈論語〉「學」與「習」概念的心理學理解》。他們的發言都涉及中西哲學的比較，學術視野開闊，啓發性強。吳根友教授將《莊子·大宗師》篇「且有眞人而後有眞知」的命題放在比較哲學的視野裏進行論述。師領從現代心理學的角度分析了《論語·學而》章「學」與「習」的概念涵義和相互關係，他的提問反映了學者對現實的責任感，而在他之前發言的楊逢彬教授作「漫談『詩無達詁』」的演講，針砭時弊，其主旨與他頗有相通之處。

每位學者主題發言以後是點評環節，學者的點評既有對發言者演講的肯定、補充，也有冷靜客觀的詰難，甚至有針鋒相對的爭論，體現了此次會講活動的嚴肅性和民主性。

在互動環節，在場的其他老師和學子與各位主講老師就相關問題進行了交流、辯難，主講人也做了詳細回應，氣氛更加熱烈。吳根友教授在最後的總結中強調指出，「面向生活本身是學術創新的來源」，「借用中外古今文化資源回答和解決時代問題是學者的責任」。可以說是很精闢地概括了本次會講活動的意義和內涵。

「鑽經緯之微言，研聖賢之妙旨。」隨著讀書活動數年來如一日的堅持，不僅讀書小組各位成員在學術上皆有所得，產生了一批原創性的學術成果，出版了同仁刊物《學鑒》，得到了學術界的認可；而且其活動本身也越來越受

到社會的關注，小組成員的嚴謹治學精神和所秉持的高遠學術理想，對廣大青年學子如何做人爲學起到了很好的啓示和示範作用，贏得了廣泛的尊敬，人稱之爲「珞珈七子」。這七位學者分別是：文學院楊逢彬教授，從事上古漢語研究；文學院程水金教授，從事先秦兩漢文化與文學研究；哲學學院吳根友教授，從事先秦哲學及明清啓蒙哲學研究；信息管理學院司馬朝軍教授，從事四庫學與文獻學研究；歷史學院楊華教授，從事先秦史及禮制研究；心理學系師領教授，從事比較心理學研究；哲學學院丁四新教授，從事先秦簡帛研究。

〔原載《學鑒》第二輯，武漢大學出版社，2008 年〕

新時代的新氣象：歷史所 2018 年度第二場學術報告會側記

　　2018 年 5 月 5 日上午，本所古代史室司馬朝軍研究員、王健副研究員做學術報告，係 2018 年度歷史所第二場學術報告會。

　　司馬朝軍研究員的報告題目爲《〈經解入門〉眞僞考》。本次報告是司馬老師對新出專著《〈經解入門〉整理與研究》的簡要介紹。司馬老師首先講述了此書緣起於二十年前與漆永祥教授的一段交往。然後從《經解入門》版本來歷不明、阮元序不足爲憑、徐跋多不實之詞、大量記錄江氏身後人事（如阮元謚文達）、多與江氏歿後著述（如《古書疑義舉例》《書目答問》）雷同、與《國朝漢學師承記》多相矛盾、與《古書疑義舉例》條例不盡相同、卷八附選之文皆僞、盛行於清末、學術分類思想與乾嘉時代不合十個方面，論述了《經解入門》並非江藩編纂，而出於後人僞撰。最後指出，《經解入門》實無著者，惟有編者。此外，他高度評價了漆永祥教授的君子人格，並稱之爲「漆永祥精神」。與此同時，司馬老師對學界中的某些強盜行徑與流氓行爲予以猛烈批判。

　　王健副研究員的報告題目爲《牛津大學中國研究中心訪學報告》。王老師首先交代了本次報告源於去年的牛津大學訪學經歷，並向大家介紹了牛津大學中國問題研究中心，其中著重介紹了圖書館的利用。王老師首先介紹了博德利圖書館的塞爾登地圖研究，隨後又介紹了自己在大英圖書館和亞非學院圖書館的訪問經歷，最後介紹了大英圖書館和亞非學院圖書館的圖書電子化及使用。

　　這些話題引起了與會同仁的興趣，並引起了熱烈討論。上海社科院歷史
所曾經是經學研究的重鎮，前輩如周予同先生〔註1〕、楊寬先生、湯志鈞先生
等長期在此任職，絕學傳薪，可謂絳帳談經，蒙求者雲集；下帷講學，鑽仰
者電趨。在新的時代如何開創新的氣象？有識之士皆認爲，以復古爲創新仍
然不失爲一條綠色通道，即恢復經學傳統，開設經學論壇，重寫經學通史，
重振正大學風。

（李帥　擬稿）

〔註 1〕周予同先生曾經提出過三大課題，即「中國經學史」「清經義考」「從顧炎武到
　　　章太炎」。這理應成爲我們的研究方向與目標。

代後記　黜邪崇正　激濁揚清
——司馬朝軍教授《國故新語》書後

陳開林

一

　　剛忙完本學期的教務工作，夏日的午後，照常靜靜地坐在窗前，對著電腦，專心致志地點校劉毓崧《通義堂文集》。忽然收到司馬朝軍老師的一條微信，稱：

> 拙撰《國故新語》已經編輯好了，你幫我看看，請你寫一篇文章，作爲代後記，詳細談你的收穫和體會，好嗎？

　　收到信息的瞬間，我的第一感覺就是惶恐。因爲作爲後輩的我，腹笥儉陋，資歷卑微，實在沒有資格來寫這篇文章。自己出過一本書，沒有寫序，也沒請人寫序。當然，更未曾爲人寫序。但是，看到老師的要求是談「收穫和體會」，而且是代後記，想到我和他的交往，對我而言，是值得加以說明的，——畢竟，老師對我幫助甚多。於是就迅速應諾。

　　先從和司馬老師的交往說起吧！

　　第一次知道「司馬朝軍」這個名字，是在讀研究所的時候。2009 年秋天，研一入學的那個學期，好像學校開設的課程並不多。除了英語、政治課之外，印象中的專業課，依稀只記得一門，就是何新文師的「中國文學目錄學」。上課伊始，新文師就布置了考試內容，其中之一即要求課外閱讀三部古代目錄，並撰寫提要三篇。那時的我，剛從本科的市場營銷學專業轉入古代文學專業，由於先天不足，加之半路出家，多少還有一些茫然，因之廣泛地看書。有一次，在圖書館翻書的時候，無意間在 Z 類看到了好幾本書，如《〈四庫全書總

目〉研究》、《〈四庫全書總目〉編纂考》、《〈四庫全書總目〉精華錄》，作者都是司馬朝軍。一下子，腦海裏從此記住了這個名字。

到研二的時候，有了讀博的打算。考慮到自己的知識背景和興趣點，當時首先想到的就是報考司馬老師的博士。於是登錄武漢大學的網站，找尋往年的招生簡章，結果發現武漢大學信息學院有明文規定，不招收跨專業考生。內心除了一陣默然之外，別無他法，最後選擇報考了華中師範大學文學院。三年的研究生生活輾轉結束，2012 年秋，我從沙湖搬到了南湖，在美麗的桂子山上，開始了我的博士生求學之路。有一天，偶然發現了一篇葉適的佚文《古今水利總論》。寫成的初稿呈交戴建業師，他審閱後，在天頭上寫過一個批語：「輯佚要懂得辨偽。武漢大學司馬朝軍教授正在從事辨偽研究，你可以看看他的書。」——這個初稿我珍藏至今。

看著「司馬朝軍」這個熟悉的名字，那一刻感到無比的親切，有一種舊事湧上心頭的感覺。於是迅速在網上買了他的《文獻辨偽學研究》，並認真加以研讀，頗受啓發。博士二年級的時候，偶然翻看他的《國故新證》，裏面有一篇《〈經義考通說〉疏證》，利用史源學的方法，就《通說》四卷（即卷 295～298）所纂輯的 499 條歷代學人關於經學的觀點加以考察，詳考引文出處，並辨析其訛誤，創獲甚多。但同時，我也看到文中尚有 61 條注明「待考」。於是仿傚他的做法，對其中的未盡之義加以補充，相繼寫成了《〈經義考通說〉引文考辨十則》、《〈經義考通說〉引文續考》、《〈經義考通說〉疏證訂補》三篇文章。文章寫成後，通過高華平老師的博士生朱佩弦同年，交給高老師指正。高老師建議先不要急著發表，要先和司馬老師聯繫，並告知了他的郵箱。高老師的做法是審慎的。因為之前，華師文學院有一位博士生發表了一篇文章，商榷了國內某高校一位「大牛」的名著，結果「大牛」打電話給他導師追問原因。於是，我通過郵件把拙文發給他，並順便詢問他是否還有《四庫全書總目研究》的存書，因為無從購置。那是我第一次和他聯繫。

文章發給老師之後，心中一陣陣虛驚，擔心老師會不會不高興。然而很快收到了他的回信，稱《經義考》是個大課題，並計劃組織一批人對它進行一個疏證的工作。沒過多久，他又打電話約我見面。那是一個陽光明媚的下午，在他家小區門口的酒店大廳裏，我們聊了兩個多小時。當時，我還帶著《明人詩品》的打印本，並向他說明了這本書存在的問題，他便告訴我這類文章應該如何論證，其成品便是後來發表在《文獻》雜誌上的《〈明人詩品〉

考論》一文。談話結束時，他還送了我三本書，並問我是否願意到武漢大學做博士後。然而，由於一些其他的原因，這件事最終未能如願。後來，我又仿照他的《擬卦考略》，寫了《擬卦續補》、《擬卦再續》、《擬卦三續》等文。目前從事的「《經義考》著錄易類典籍辯證」，也是受到了他的啟發。總之，和司馬老師的交往越來越多，特別是去年暑假和他一起在武漢大學整理課題材料那一段日子。十天左右的時間，我們每天上午和下午在武大圖書館看書，午飯後就在校園裏散步，晚飯後就到東湖邊散步，邊走邊聊。聊的時間很長，聊的話題很多，多半都是關於學術。老師對學術的虔誠、對典籍的嫻熟，眼界的開闊、思維的敏銳，讓我無比的佩服，也對我的思路有著很大的啟發作用，有種「腦洞大開」的感覺。去年九月，他在上海社會科學院主辦了「思想與文獻視野下的江南史國際學術研討會」，我也有幸收到邀請，參會期間，再次得聆司馬老師以及前輩時賢的高論。

　　司馬老師此前出版過《國故新證》（武漢大學出版社 2011 年版），《國故新衡》（武漢大學出版社 2018 年版），加上計劃中的《國故新語》、《國故新論》，此外還有在北京、上海、濟南、武漢、臺北等地出版的相關論著，初步形成了「國故研究系列」。關於此書的性質，司馬老師微信告知：「本書帶有紀念性，以序跋為主體，也是我的學術自述。」並白謙地說：「兼有學術性與可讀性，可供中等以上水平的國學愛好者與研究者選用。」

二

　　全書分為五輯：論文、序跋、筆記、雜俎、附錄（包括師友序跋、評論與報導）。書中有些篇目以前讀過，有些則是第一次見到。於是正襟危坐，認真的從頭到尾通讀一過。總體而言，有這樣幾點感受：

　　第一，**霸蠻苦幹，拓展學術路徑**。晚清思想家郭嵩燾在咸豐八年（1858）七月初九日的日記中寫道：「次翁言：『近日楚才之盛，無能及者。』予謂楚人只帶三分蠢氣，蓋孔子所謂其愚不可及。次翁言：『自古成名者，多由笨幹，是以有字顛、畫迂、詩癡，浮光掠影，終不濟事。』」司馬老師在《國故新證·後記》裏草擬對聯一幅，曰：

　　　　上聯：下笨工夫

　　　　下聯：做死學問

　　　　橫批：霸蠻

並戲稱「我乃南蠻之人,「霸蠻」乃蠻夷之共性」。提及南蠻,自然就會讓人
《左傳》「篳路藍縷,以啓山林」、《史記‧楚世家》「篳路藍蔞以處草莽,跋
涉山林以事天子」的記載。楚人的先祖原本就是靠著這股「霸蠻」的精神,
從而走上強國之路。

司馬老師治學多方,正如傅璇琮先生在《雜家文獻學的發軔之作》一文
中所言:

> 司馬朝軍教授於上世紀 80 年代在武漢大學中文系學習,除了研
> 習小學、經學之外,也曾對古典目錄學發生濃厚興趣,90 年代又在
> 武漢大學攻讀古典文獻學博士學位,二十餘年甘坐冷板凳,專心致
> 力於四庫學與文獻學研究,近年陸續推出《〈四庫全書總目〉研究》、
> 《〈四庫全書總目〉編纂考》、《〈四庫全書總目〉精華錄》、《〈四庫全
> 書〉與中國文化》、《文獻辨偽學研究》、《國故新證》、《黃侃年譜》
> 等多種論著。他曾將有關論著寄贈給我,給我留下了深刻印象。

其他前輩大家對他也多有褒揚與提攜。除了小學、經學、四庫學、辨偽學之
外,近年他又著手「章黃學派文庫」的編纂工作,可謂堂廡甚大。書中「序
跋」類就有「四庫學之什」、「辨偽學之什」、「國學之什」、「黃學之什」。戰線
很長,領域很廣,看起來好像很散,但是,實際上老師所研治的所有領域,
始終貫徹著一條主線,就是「下笨工夫,做死學問」,一切都靠真憑實據。

司馬老師在《〈四庫全書總目〉研究》的後記中寫道:「《四庫全書總目》
千門萬戶,宛如一座巨大的迷宮。多年來,筆者置身其中,暗中摸索,幾乎
找不到出口,探索的艱辛真是難以言狀。」在《〈四庫全書總目〉編纂考》的
後記中稱:「探索之路雖然異常艱辛,但苦中有樂,我將埋頭苦幹,力爭走出
一條自己的路。」個中三昧,非身歷其境的人不能言。誠如荀子所言:「不登
高山,不知天之高也;不臨深溪,不知地之厚也;不聞先王之遺言,不知學
問之大也。」

說到古典文獻的考訂、辨偽等,一般人的印象大多認為是和死人打交道,
與現實無關,乃無用之學,進而瞧不起,看不上,甚或認為不上檔次。如司
馬老師所謂的「做死學問」,也容易引起一般人的誤解,以為老師做的學問是
死的。這是需要加以說明的。這裡所說的「死」,是指老老實實、腳踏實地地
做學問,不搞花裏胡哨、華而不實的那一套。恰恰相反,司馬老師所從事的
研究不僅不「死」,反而很「活」。像《〈四庫全書〉與文化軟實力》一文以《四

庫全書》爲例，闡述《四庫全書》的文化價值，進而探討《四庫全書》與當下文化軟實力建設的關係。《〈日知錄〉導論》一文第五節題爲「《日知錄》的當代價值」，從學術層面、社會層面指出「它對於當代社會仍有著極其重要的價值」。對於傳統典籍，除了文獻的整理之外，進而對其文化內涵進行發掘，做到眞正傳承，才能眞正做到「古爲今用」，爲「文化自信」挖掘最深層次的資源。

第二，鍥而不捨，標舉「二冷」精神。1999 年，北京大學中文系漆永祥教授發表了《俞樾〈古書疑義舉例〉係襲江藩〈經解入門〉而成》一文。其後關於《經解入門》眞僞問題的爭論隨之展開，司馬朝軍教授、傅傑教授、伏俊璉教授、谷建博士等先後撰文，對漆永祥教授的說法提出了反對意見。這椿公案的爭論持續至今，2016 年《傳統中國研究集刊》第十四輯還刊發了王應憲先生的《〈經解入門〉三題》。其中，司馬朝軍先生對此用力最深，先後發表了多篇文章，如《俞樾〈古書疑義舉例〉係襲江藩〈經解入門〉而成嗎》（《中國語文》1999 年第 5 期）、《〈經解入門〉眞僞考》（《文獻辨僞學研究》2008 年）、《五論〈經解入門〉的眞僞問題》，（《齊魯文化研究》第 2 輯，2011 年）、《〈經解入門·古有六書〉抄襲〈說文釋例·六書總說〉》（《學鑒》第 6 輯，2013 年）、《〈經解入門·古有六書〉辨僞》（《歷史文獻研究》第 33 輯，2014 年）等。最近，又在前期研究的基礎之上，推陳出新，刊行《〈經解入門〉整理與研究》一書，凡三冊二百餘萬言。

北京大學李科博士《辨僞存眞　更新利用——〈經解入門〉整理與研究評介》稱：

> 司馬朝軍教授便投入到近廿年的《經解入門》辨僞與箋注工作之中，成《〈經解入門〉整理與研究》三巨冊。作者廣搜博覽，探賾索隱，不僅通過系統還原其史料來源以考辨《經解入門》一書的眞僞，而且恰當評估僞書內容的價值，箋注全書，並據《經解入門》卷三《國朝治經諸儒》所列的 202 位清代經學家而輯錄其相關傳記、論說等資料編成《〈國朝治經諸儒〉研究資料彙編》，三部分相互補充，使得《經解入門》一書更新再生，獲得了比原書更大的學術價值。

武漢大學歷史學院謝貴安教授在《十八年努力，勘破一部質量精湛的僞書》一文中指出：

司馬朝軍教授長期研究辨僞之學，早在 2008 年便在武漢大學出版社出版了《文獻辨僞學研究》專著。自上世紀末他就開始關注《經解入門》一書的眞僞問題，先後發表系列文章，對《經解入門》展開辨僞。通過十八年不懈努力，在這些論文的基礎上，對相關成果加以系統梳理，司馬教授撰成《〈經解入門〉整理與研究》，最終證明《經解入門》是晚清書商剪輯而成的一部僞書，只是借江藩之名行世而已。是著考據精湛，足稱定讞，改變了《經解入門》問世以來給經學研究和國學普及帶來的混亂局面，堪稱近年來文獻辨僞學領域的一部力作。

荀子云：「鍥而捨之，朽木不折；鍥而不捨，金石可鏤。」人最怕「有恆」，也最難「有恆」。老師耗費將近二十年的時間，來考訂、箋釋一部書，這彰顯了眞正學者的本色。2016 年網上有一個勵志短語，說：「有一份堅持叫執著，有一份執著叫堅持。」足見堅持與執著兼具是一件很難的事情，而老師當之無愧。

書中有一篇《治學精神啓示錄——蔡美彪〈學林舊事〉讀後》，第一節題爲《范文瀾的二冷精神》。所謂「二冷」，指的是范文瀾的治學態度。1957 年范文瀾先生在一次講演中說：「我經常勉勵研究所的同志們下『二冷』的決心，一冷是坐冷板凳，二冷是吃冷豬肉，意思就是勸同志們要苦苦幹，慢慢來。」老師在讀《學林舊事》時，首先標舉「二冷精神」，當是看到這個材料時，「欣然有會於心」，有感而發。雖說是總結前賢，不啻是夫子自道。老師自稱有「辨僞癖」，據此一例可以管窺。

此外，以一己之力承擔《續修四庫全書》雜家類提要的撰寫，自謂：「此書之成，消磨三年光陰。聞雞起舞，夜以繼日，閱盡《續修四庫全書》雜家類九十巨冊，復參考百家，提要鉤玄，眼界大開。坐冷板凳，讀冷僻書，不亦樂乎！」（《續修四庫全書雜家類提要·後記》）沒有鍥而不捨的精神，如此龐大的工作是不可能完成的！王安石說：「夫夷以近，則遊者眾；險以遠，則至者少。而世之奇偉、瑰怪，非常之觀，常在於險遠，而人之所罕至焉，故非有志者不能至也。」（《遊褒禪山記》）「無限風光在險峰」，因此老師「坐冷板凳，讀冷僻書」，才感到其樂無窮。

第三，**激濁揚清，守護學術家園**。由於體制的不完善，原本被譽爲「象牙塔」的學術界近三十年也感染上了市場經濟的某些不好的「病菌」，逐漸變得不再純潔，甚或骯髒。面對這樣一個「眞風告退，大僞斯新」（陶淵明《感

土不遇賦》）的局面，很多人在私下談論時義憤填膺，咬牙切齒，然而囿於多方面的限制，卻少有人敢於將白紙黑字公之於世，大加鞭撻。而老師則不然，在每部書的前言或後記裏，大都能看到若干匕首投槍般的文字。茲不避煩瑣，迻錄數則於下：

　　在他（指王獻松博士）前後入門的其他幾位博士生就沒有他這麼幸運，吃不了這份苦，受不了這等罪，紛紛另謀出路。後來有學生前來聯繫，我以「九死一生」的實況直言相告，從此門前冷落鞍馬稀，只有那些「一不怕苦、二不怕死」的敢死隊員才有膽量跟著我。學官們對我意見甚大，批評我管理太嚴，甚至揚言要追究我的責任，有的學官還假惺惺地現身說法，傳授所謂的秘訣（實際上就是「害人經」），而我死不改悔，一直秉承黃焯先生的遺訓：「博士論文要為國爭光。」我決不給任何投機分子以任何投機機會，我的迂腐被視為笑談。實際上中國博士學位早已被大量廉價批發。多少達官貴人不費吹灰之力就戴上了博士帽，甚至富豪們也加入了搶「黑帽子」的行列。嗚呼！博士制度在短短的幾十年間就腐化墮落了。（《〈紅杏山房聞見隨筆辨偽〉序》）

　　越來越多的蠻子大膽地闖入這塊「死地」，各自為陣，跑馬圈地者有之，搖旗吶喊者有之，鳴鑼開道者有之，亂刨一氣者有之，掩耳盜鈴者有之，欺世盜名者有之，巧取豪奪者有之，順手牽羊者有之，乘火打劫者亦有之，「四庫學」研究似乎風生水起，實則亂象叢生。儘管「四庫學」看似如火如荼，不得不指出的是，當下的「四庫學」研究存在諸多不足。（《〈四庫全書〉與文化軟實力》）

　　熙熙攘攘，皆為利往。市場經濟，群起逐利。著述向稱雅事，今日亦不幸淪為稻粱之謀。文章不管多差，似乎只要在 SCI 之類露臉，就是權威文章，就是金科玉律，就好比衛星上了天，不得了，了不得！以刊物級別論文章優劣，真是具有「中國特色」！現在的權威崇拜可謂登峰造極，過去是「冷眼向洋看世界」，根本不把老外放在眼裏。現在又走向另外一個極端，一切向洋人看齊，好像外國的月亮也比中國的圓。過去是「階級鬥爭一抓就靈」，現在是「SCI（或譯為『愚蠢的中國人的觀念』）文章一抓就靈」！君不見，各種報表，都少了這種指標。它似乎成了當今學界的指南針、天平與槓

杆，儼然是學術研究的第一推動力。有道是，世無英雄，遂使豎子成名。豎子當道，遂使學術凋零。嗚呼！豈不哀哉！豈不痛哉！如果不根治如此「愚蠢的中國人的觀念」，中國文化將永遠失掉話語權。這絕非聳人聽聞！（《四庫提要導讀·後記》）

浮躁之氣如同霧霾一般「籠蓋四野」，一時魚龍混珠，眞僞難辨，所謂聰明之士往往渾水摸魚，投機取巧，巧取豪奪，橫刀奪愛，搶灘護盤，以次充好，以假亂眞，炮製「米湯大全」，大搞「豆腐渣工程」，可謂亂象叢生，險象環生，學術生態嚴重失衡，學術共同體被非學術人士與假權威劫持。文風不正，學術空氣已經嚴重毒化。（《國故新衡·小引》）

時下盛行理論脫離實際之風，動輒搞一套中看不中用的「理論體系」，往往七寶樓臺拆開不成片段。（《文獻學概論·自序》）

如此直言不諱，明白正大，擲地有聲！古人云：「樂矣君子，直言是務。」（語見《晏子春秋》）俗語云：「乖人不直，直人不乖。」司馬老師爲溫公苗裔，頗存祖風，性情耿介，既迂且剛，有的放矢，劍指妄人，酌古準今，黜邪崇正。面對學界的這些怪現狀，司馬老師除了大膽揭露之外，還有針對性的開出了自己的「藥方」，主要是大力倡導以下幾種精神。

《治學精神啓示錄——蔡美彪〈學林舊事〉讀後》的第二節題爲《呂振羽的攻堅精神》，稱：

反觀當代學人，一個共同特點是「畏難」。有道是：「攻城不怕堅，攻關莫畏難。科學有險阻，苦戰能過關。」但現在的「攻關」早已變爲「公關」，長袖善舞，跑部錢進。至於科研，大都選擇「外圍戰」或者「游擊戰」，淺嘗輒止，打一槍換一個地方，對於難題往往繞路走。

第三節題爲《黎澍的獨創精神》，稱：

反觀當代學人，一個共同特點是「愛抄」。近年學風浮躁，剽竊成風。生前自詡爲「（超）〔抄〕級大師」，死後改諡曰「文抄公」。不求獨樹一幟，只求獨霸一方。不求獨立思考，只求輪流分贓。

第三節題爲《王襄的寬容精神》，稱：

反觀當代學人，一個共同特點是「愛鬧」。稍有不同意見，網上網下鬧得不亦樂乎，上則黨同伐異，明槍暗箭，抓住對方一點點失

誤，便大打出手，恨不得將對手置之死地而後快；下則大搞人身攻擊，滿口污言穢語，如同潑婦罵街。眞是斯文掃地，哪有半點寬容精神可言？對比王、郭之風範，眞眞只有愧死！

另外，在《經解入門整理與研究・後記》裏，也特地提到，「在撰寫此書的過程中，我始終被兩種精神所鼓舞」，其一曰「漆永祥精神」，其二曰「許蘇民精神」。

三

看到這些飽含感情的針砭時弊之言，突然想到了尼莫拉牧師那段經典的言論：

> 起初他們追殺共產黨人，我沒有說話，因爲我不是共產黨人；
> 接著他們追殺猶太人，我沒有說話，因爲我不是猶太人；
> 後來他們追殺工會會員，我沒有說話，因爲我不是工會會員；
> 此後他們追殺天主教徒，我沒有說話，因爲我是新教教徒；
> 最後他們奔我而來，卻再也沒有人站出來爲我說話了。

面對這一令人髮指的現狀，如果身處其中、深受其害的人一個個都三緘其口，其結果就是任由跑馬圈地者、搖旗吶喊者、鳴鑼開道者、亂刨一氣者、掩耳盜鈴者、欺世盜名者、巧取豪奪者、順手牽羊者、乘火打劫者……沆瀣一氣，胡作非爲，笑到最後。這也正反襯出了司馬老師的魄力與膽量。

筆者有幸在付梓前，得以閱讀全書，並拉雜地寫下了這些文字，記錄自己閱讀的一點感想。限於時間和學力，難免掛一漏萬。聽聞老師除了「國故系列」之外，還有其他系列的著作，或已刊，或待刊，或正在撰寫，或已有構想，有待開展，那就讓我們拭目以待吧。

陳開林

2018 年 7 月 17 日